畑田重夫

わが憲法人生七十年

新日本出版社

はじめに

昨年二〇一五年は、第二次世界大戦終結七十周年という歴史的節目にあたっていた。と同時に、核実験とか核兵器工場の事故などではなく、実戦において核兵器が初めて使用されてから七十年という人類史上からみても大きな節目の年（被爆七十年）でもあった。それとも関連して言及しておくべきこととして、昨年は五年ごとに開催されるNPT（核拡散防止条約）再検討会議が開催される年でもあった。

国連憲章は、第二次世界大戦の反省と教訓のうえに世界諸国民が生み出した所産であるが、日本国憲法は、日本がおこなった侵略戦争や植民地支配の反省をふまえ、国連憲章の原理・原則をさらに深めた平和と民主主義の金字塔であるといってもよいであろう。日本国民が今日まで守りぬいてきたこの日本国憲法が、ノーベル平和賞の候補となったことが一昨年来大きな話題となっている。

ところで、いまこの日本は、「戦後レジームからの脱却」を唱えつつ、日本国憲法の改定を自己の「歴史的使命」とも「ライフワーク」とも、あるいは「宿願」でもあるとする安倍政権下にある。

二〇一四年暮れの安倍首相による「大義なき解散」によって実施された総選挙の結果、小選挙区制という非民主的選挙制度のゆえに、衆院で自公両党合わせて、改憲発議に必要とされる三分の二を超える三百二十六議席という「虚構の多数」を占めた。

昨年九月の自民党総裁選挙で再選をかちとった安倍首相の念頭にあるのは、向こう三年間首相の地位を安定的に保ち、二〇一六年夏の参院選においても衆院同様三分の二を超える改憲議席を獲得したことによって、できれば在任中にも国民投票に持ち込み、念願の明文憲法改悪をなしとげたいと考えているにちがいない。

内閣法制局長官、NHKの幹部役員、日銀総裁の人事などをはじめあらゆる面で強権的な政策運営を断行してきた安倍首相のことだから、自民党の党則（選挙規程）を変更して現行二期の総裁任期を三期まで延長してでも、二〇二〇年の東京オリンピック・パラリンピックを日本の首相として迎えたいという個人的野望を抱いているのではなかろうか。

ひるがえって老生は、と言えば、戦後一貫して日本国憲法をたとえ一日といえどもわが身から離さず、どこへ行くにも上衣のポケットに小憲法典をしのばせながら、憲法と根本的に矛盾する日米安保体制打破をめざし、安保についての啓蒙的な著作・論文を書きつづけ、語りつづけて今日まで生きてきた。

約七十年間の自称「憲法人生」を、自伝的に回想しつつ活字にしておくことは自分自身のためであることはもちろんのことだが、その間、ともに学び、ともにたたかってきた数多くの有名・無名の仲間たちをはじめ主権者である日本国民にとって、何らかの意味で役立つことができればこれにすぎる光栄とよろこびはないと思っているところである。

もう一度確認しておきたい。憲法第十二条には「不断の努力」という表現をみる。「この憲法が国民に保障する自由及び権利」は、普段着のままで日常的な不断の努力をすることによって、「保持」できるのである。老生にとってこの十二条こそは、自分の生きざまを点検するうえでの基準であるともいえるのではないかと思っている。ともあれ、戦後七十年間、日本国憲法のもとで守りぬいてきた平和がいつまでも続くように生き証人として力をつくしつつ、当面、「オール沖縄」に学びながら「オール日本」の実現めざしてたたかいぬきたいと決意を新たにしている。

本書の原型は、日本民主主義文学会の月刊誌『民主文学』の二〇一五年四月号から一六年六月号まで全十五回にわたって掲載された「七十年の『憲法人生』を顧みて」と題するエッセイである。察するに『民主文学』編集部としては、「戦後七十年」企画の一つとして、老生にエッセイの連載を依頼することを考えたのであろう。

光栄なこととは思いつつ、しかし、老生は相次ぐ転居のなかで、戦後生活に関する日誌類をふくむあらゆる記録や写真類の大半を紛失してしまったため、とても自分史的な原稿の執筆は不可能であるとして、その依頼を固辞しつづけた。ところが同会の田島一会長をはじめ編集部の再三にわたる熱心な要請があり、私としてもその熱意に動かされて、連載執筆を引き受けることになったという経緯があったのである。

老生は、デジタル人間にはなりきれず、おそらくアナログ人間のままで人生を終えることになるだろうと思っているのだが、今時珍しい手書きの読みづらい原稿を毎回判読して活字にしてくれた『民主文学』編集部、とりわけ乙部宗徳さん（当時の編集長）や現編集長の宮本阿伎さんにはあらためて厚くお礼を申し述べたい。

また老生の生きざまなどに関する資料の入手に協力をしてくれたり、老生の不正確な記憶をただすうえで労を惜しまず援助してくれた、全国の教え子や活動家の皆さんに深く感謝している。

単行本化に際しては、『民主文学』の連載エッセイに若干の補筆や再構成をし、ページ数の関係で割愛した部分があるが、おおむね原型は保たれているはずである。

最後になったが、本書をまとめるにあたり、ご苦労をおかけした新日本出版社編集部の久野通広さんに厚くお礼を申し上げたい。

二〇一六年十一月三日の日本国憲法公布七十周年の日を前に
静岡市清水区の高齢者施設「ケアハウス」の一室にて
畑田重夫

〈目　次〉

1　愛国青年

■私の生い立ち

一九二三（大正十二）年九月一日は関東大震災の日である。私はその四日後の九月五日の朝、京都府下の綾部町（現綾部市）で父藤枝哲と母きしのの三男として出生した。私のほかに、兄二人、姉二人、弟二人がいたので全部で七人の兄姉弟（今では私以外全員死去）であった。

両親とも長野県下伊那の出身で、二人とも当時の中等学校（中学校・女学校）の教師であった。したがって、私は普通の小市民的な家庭に生まれ育ったと言ってよいであろう。

当時の中学校や女学校の教師の転勤は、全国的な範囲でおこなわれていたようだ。兄や姉たちは両親の勤務先の石川県、和歌山県や鹿児島県がそれぞれの出生地であったが、私と二人の弟は両親の最後の勤務校のあった京都府であった。

父は和歌山県の粉河《こかわ》中学（旧制）で数学の教師をしていて、その時の教え子に、後に有名な数学者となった岡潔《おかきよし》（一九〇一〜七八）がいたことを誇らしげに語っていた。母は極めて控えめで

9歳のころ家族と共に（後列右端）

口数も少なかったが、内にはなかなかのものを秘めていたようだ。母は七人の子どもを教壇に立ちながら生み育てたわけだが、そのこと自体なかなか大変なことだったにちがいない。今は亡き二番目の姉からある時きかされた話なのだが、母はつぎのような短歌を作ったことがあったという。

道あやまるはずはなし
わが腹痛めし子らなればこそ

子育てや家庭教育にも不動の自信をもっていた母だったんだなあ、とあらためて自分の母を見直したことを思い出したものであった。

母は長野県下伊那郡大下条村《おおしもじょうむら》（現阿南町《あなんちょう》）出身だが、交通手段もろくにない明治の時代に、信州の山奥から東京へ出て、東京女子高等師範学校（現お茶の水女子大学）に学んだというのだから、たしかに「志高い」女性だったにちがいない。私の手許に『大下条村誌』（大正五年刊）という古めかしい和綴の出版物があるが、そこには母のことを、「本村第一の女傑なり」（二五九ページ）と記されている。

母は女高師時代に、日本母親運動の生みの親とも言われている河崎なつさんと国文科のクラスメートだった由で、私は戦後、母からしばしば河崎なつさんのことを聞かされていた。母は生まれ故郷の村の中では「女傑」と言われる伝説的な女性だったのかも知れないが、私に言わせれば、それこそごく普通の女性であり母親であった。

私の幼少・青年時の世界と日本はと言えば、ちょうど第一次世界大戦が終わり、いわゆるベルサイユ体制下の相対的安定期を経て、一九二九年に起きた世界恐慌が各国に深刻な影響を及ぼし、日本は一九三一年の満洲事変、一九三七年の日中戦争、一九四一年の太平洋戦争へと、富国強兵政策の推進によって一路戦争拡大へと向かってゆく時代的流れのさなかであった。

もとより、幼少期の私に当時の内外情勢に対する関心があるはずもなく、世の中のことは何も知る由もなかったのだが、物心がついたころの漠然とした想い出だけはいまも折にふれて夢のなかに出てくる。

とにかく子どものころの日本は、世をあげて「天皇陛下」を頂点とする社会であり、どこの家に行っても「御真影《ごしんえい》」と言って天皇、皇后両陛下の写真がかかげてあり、「天皇」のテと言ったり聞いたりすると瞬間に「直立不動」の姿勢を強要されるのを、何の不思議とも思わないという状態であった。

中学校へ進学すると、そこでは制服の色が軍隊色のカーキ色で、全員脚にはゲートル（巻脚《まききゃ》絆《はん》）をつけて登下校することになっていた。先生や上級生にたいする敬礼も、帽子をとって頭をさげるというお辞儀ではなくてすべて軍隊式の挙手によるものであった。

私は綾部小学校の四年生の時に、父の転勤の関係上、綾部から園部の小学校へ転校をした。それは、父が京都府立福知山中学校の教頭から旧園部中学校（現園部高校）の校長として園部へ赴任したためであった。そのころは母は綾部の女学校を最後に教職を去っていた。

父が校長をしていた園部中学には、私の二年後輩に、野中広務さん（小渕内閣当時の官房長官）が在学していた。

中学校では「教練」という正科目があって、いわゆる軍事教練が全員に課せられていた。現役の陸軍将校が配属されていて、射撃をふくむきびしい軍事演習が強要されていた。

中学時代には、父であると同時に校長でもある私たち父子の間には面白いエピソードがあった。私たち兄弟三人がそろって父が校長の園部中に学んでいたときのことである。父は公私混同を許さぬきわめて厳格な性格の持ち主だった。ある時、父は私たち三人に対し、「家にいる時はお父さんでもいいが、家から一歩でも外へ出れば、校長と生徒という関係なんだから、おれに対してはちゃんと挙手の礼をしなきゃならんのだよ」と言ったことがあった。

そのころ、園部中学では月に一回だったと記憶するが、一年生から五年生まで全校生徒が一カ所に集まって、いわゆる「朝礼」で意思統一をすることになっていた。当時私の兄が最上級の五年生で級長をしていたため、全校生徒を代表して朝礼での指揮をとっていた。兄はいつも、「校長先生に敬礼ー。頭《かしら》ー中《なか》」と高唱するのが通例となっていた。ある時、誰だったかが、兄のことをからかって、「〝お父ちゃんに敬礼ー。頭ー中〟と言えばいいじゃないか」と冗談を言って周りの者を笑わせたことがあった。

とにかく、当時の社会状況と言えば、想い出すままにいくつかあげてみると、「ぜいたくは敵だ」「電髪禁止（パーマネントウエーブ禁止という意味―畑田注）」「禁酒禁煙・一汁一菜・享楽廃止」「欲しがりません勝つまでは」「国体明徴」「尽忠報国」「八紘一宇」「非常時日本」「滅私奉公」「進め一億、火の玉だ！」「兵隊さんは命がけ、私たちは襷《たすき》がけ！（婦人団体の標語―畑田注）」「忠魂安かれ我等あり」「撃ちてし止まん」「米英撃滅」「みたみわれ、大君にすべてをささげまつらん」。

このように、街角でも、屋内でも、どこへ行っても目につくのは「戦時体制」一色のスローガン（標語）ばかりであった。

■学徒出陣と二年間の軍隊生活

私は園部中学校を経て一九四二年四月に、名古屋にあった旧制第八高等学校（文科甲類）へ進学した。なぜ名古屋になったのかと言えば、父が中学校の校長を退職後、名古屋鉄道教習所の教官として名古屋へ転居していたためである。

当時の日本では、男子は満二十歳になるとすべて徴兵検査を受けることが義務づけられていた。ただし、大学、高校、専門学校の場合には、二十歳になっても徴兵猶予という恩典が与えられていた。ところが、太平洋戦争の末期にあたる一九四三年十月二日、勅令により「在学徴集延期臨時特例」が公布され、全国の大学、高等学校、専門学校の文科系学生、生徒の徴兵猶予が停止された。それで文科系だった私もちょうど八高卒と東大入学にかけての時期に、学徒出陣の名によって学園から軍隊へ、すなわち「ペンを捨てて銃を持て」「学生服を脱いで軍服に着がえろ」という国家の命令に従わざるをえなくなったのであった。信じられないことだが、私の場合、東大の合格通知は、山梨県甲府にあった東部第六十三部隊の中で受けとるという変則的な時代だったのである。

一九四三年十月二十一日の、明治神宮外苑競技場（当時）における文部省主催の「出陣学徒壮行会」はあまりにも有名である。雨中を銃を肩にかけて分列行進をする学徒の姿は、戦後のテレビや映画、雑誌、画報その他で多くの人びとの目に焼きついているようだが、私だけは名古屋から学生を代表して「出陣」に際しての決意表明をラジオ放送でするため名古屋に行かざるをえなかった。

正直に告白するが、私は旧制高校時代においても軍国主義的な「愛国青年」そのものであった。したがって、学徒出陣が決まった時には当然死を覚悟したのであった。ところが学生服を脱いで軍服に着がえる時、母が私の耳もとで誰にも内緒で、「重《しげ》ちゃん、生きて帰ってきなさいよ」とささやいた。その母の声はいまも忘れがたく私の耳に鮮明に残っている。

当時は、天皇陛下のために死ぬのは最高の名誉だという社会的風潮が日本全国に定着していた。そんな時に母の私に対する「生きて帰ってきなさいよ」という言葉がばれれば、母は「非国民」としてきびしく社会的な非難にさらされたはずである。

その時の母の言動こそ、国家権力にも何にも強制されない、影響をうけることのない一人の母親としての自然の心情の吐露であり、態度表現だったにちがいない。

軍隊に入ってみれば、そこはまさに〝地獄〟である。きびしい軍事演習の日々であることは言うまでもないが、日常生活においても人間性のひとかけらもなく、まるで家畜以下の扱いであった。

家畜以下というのは、当時、隊内では「軍馬、軍犬、鳩、下士官、兵」という言い方が流布していたものである。私たち学徒兵は入隊当初はもちろん「一ツ星」の二等兵である。

大元帥陛下としての天皇を頂点として、軍隊には元帥、大将、中将、少将、大佐、中佐、少佐、大尉、中尉、少尉、そして准尉、曹長、軍曹、伍長、兵長、上等兵（星が三つ）、一等兵（星が二つ）、二等兵というように、上から下まで位階制が極めてはっきりしていて、上官に対しては絶対服従というきびしい世界であった。

私たち学徒兵（二等兵）が何かへまをやらかしたりミスをおかしたりすると、必ず古年兵（主として上等兵や一等兵）からビンタをくらうのが常であった。

私も何回往復ビンタを食らったことか。最初のうちは回数を覚えていたが、そのうちにとても覚えきれなくなるほどに回数が増える一方であった。私はそのころから眼鏡をかけていたのだが、古年兵から「眼鏡をとれ！」と言われたらもう最後、眼をつぶり歯をくいしばって覚悟をきめこむしかなかった。

内務班といって、そこで同期の仲間たちと一緒に寝起きをするのだが、たとえば朝起きて、「お早う！」と言葉を交わしただけで、古年兵から「またしゃべっとる！　しゃべるひまがあったら馬小屋の掃除をしてこい！」といって、ビンタをくらうのである。手による平手打ちならまだしも、革の上靴（スリッパ）の裏側で往復ビンタだからたまらない。

「しゃべるひまがあったら犬の散歩をさせてこい」「しゃべるひまがあったら鳩に餌をやってこ

い」なのだから、文字どおり家畜以下の人間性皆無の日々だったのである。

何人かの学徒兵は隊内の井戸への投身自殺をとげた。たまに外出が許可されたことがあったが、そんな時、私たちは外出先で、いわゆる「手振り文字」といって、音声を出さないで意思疎通をはかる手段をみんなで相談し合って決めたものであった。

私は丸二年間の軍隊生活の間、一冊の本も読むことができず、また、誰からも有益な話を聴くなどということも一切なく、唯一のなつかしい想い出といえば、「こ」という文字を手振りでどう表現するかということをめぐって、仲間たちと相談をして決めたことにいちばん時間がかかったなあ、ということぐらいである。青春時代の想い出としては何とむなしく、はかないことか、としみじみ思うのである。

七人の兄姉弟のなかで私がもっとも身体が弱いというのは、わが家ではみんな分かっていて、母はたえず「重夫の身体のことがいちばん心配だ」と言っていたものである。

軍隊に入っても、病弱の私ははげしい演習や行軍に耐えきれず、やはりいち早く脱落、病院送りになった。入隊して六カ月目のことである。持病の脱肛の手術というのが入院目的であった。結局、二年間の軍隊生活中、私だけは八カ月間も陸軍病院での入院生活を余儀なくされたのであった。当時はペニシリンもない時代で、そのうえ軍医は気性が荒いうえに、技術が未熟だったとみえて、私は脱肛の手術で誤って括約筋《かつやくきん》を切られてしまった。今もその後遺症になやまされているのだが……。

陸軍病院での生活中、忘れることができないのは、脱肛の手術のあと、麻酔が切れたとき、あまりの痛さのため、私がちょっとした悲鳴をあげたときのことである。看護婦から「大日本帝国陸軍の軍人でしょう！　それくらい我慢しなさい!!」と一喝されたのである。その時くらい悲しく、みじめな思いをしたことはなかった。

私は途中で長く入院したため最後は軍曹という位だったが、仲間たちは幹部候補生という学徒兵独特の恩典による見習士官に昇進して、中国戦線へ出かけた。中国へ渡る途中、台湾とフィリピンの間に位置するバシー海峡で米軍の魚雷攻撃にあって、輸送船もろとも全員が海の藻屑《もくず》と消えた。

私と一緒に甲府の東部第六十三部隊に入った仲間たちをふくむ数多くの学徒兵が、二十歳か二十一歳の若さで無念の死をとげたのである。全国の戦没学生の遺書や家族への書簡類などは岩波文庫その他の『きけわだつみのこえ』という本に、また、画学生たちの絵は信州上田にある「無言館」に収められ、ひろく閲覧に供されている。

私は幸いにも病気入院中のため「内地」に残留していたので、敗北に終わった戦争であったが、生命だけは助かった。生き残った私は、戦死をとげた、夢多く、前途有為の若者たちの無念の気持ちを思うとき、一時間でも、いや一秒なりともより長く元気で生きつづけて、今は亡き学友

（「戦友」）たちの分もふくめて、平和と民主主義と社会進歩に貢献をしなくては、との想いが年を追うごとにつのるのを禁じえないのである。こういうのを「友情の使命」というのであろうか。「健康と生命に勝る大義なし」という言葉が私の口ぐせになっているのも、また九十歳になったとき、『畑田重夫の卒寿の健康力！』（本の泉社）という小著を刊行したのも、すべて二年間の軍隊生活の経験と直接・間接のかかわりがあるわけである。また戦後、目的意識的に自称「憲法人生」を歩むことになったのも、いまの若い人たちに、私たち「わだつみ世代」の者が青年・学生時代に体験せざるをえなかった、戦争によって生命まで失うというような不幸を味わってほしくないという強い想いからである。また、私が戦後、国際政治学という学問分野に専念することにしたのも、国際政治学こそが、わかりやすく言って「戦争と平和にかんする科学」だからである。

名作『レ・ミゼラブル』（豊島与志雄訳・岩波文庫）などで有名なフランスの文豪ビクトル・ユーゴーの悲痛な叫びを、もう一度いっしょに聞いてみよう。

「まわりにいる母たちよ。戦争という人さらいが、あなた方の子供を奪いつづけるのを許してはならない。女性が苦痛のうちに分娩し、人間が生まれ、人びとが働き、種子をまき、農民が畑を耕し、労働者が都市をゆたかにし、思想家が考え、工業が奇蹟をつくり、天才が傑作を生み、人間の大きな活動が星のちりばめられた夜空におとらず数々の努力や創造をもたらす、これらのことがあげくのはてには戦争と呼ばれる恐るべき国際的な破壊に終ることを許してはならない」

2　敗戦と新憲法との出合い

■終戦時の軍隊の内部

一九四五年の夏。八月六日、九日の広島、長崎への原爆投下、日本政府による八月十四日の「ポツダム宣言」受諾、さらには八月十五日の昭和天皇の「終戦詔書」の「玉音放送」というような出来事が、連続的にあったはずである。ところが、読者には信じがたいだろうが、私の所属していた甲府の東部第六十三部隊の中では、その期に及んでも、まだ何も知らされていなかったし、知るすべも皆無であった。

日本の軍隊というのは、世の中から完全に遮断された空間だった。隊内では、外の社会のことを「娑婆《しゃば》」と呼ぶ習わしがあったが、一九四五年八月半ばがすぎても、なおその娑婆で起こっていることが全然分からなかったのである。

しかし、事は歴史的に重大な「戦争終結」という大事件である。さすがにこの情報ばかりは、いつしか、何となく風の便りに隊内のわれわれにももれ伝わってきた。それは八月二十日を過ぎたころだったと記憶するが、さあ、もうみんなの心情は平常でいられるわけがない。将校たちは勝手なもので、早くも私物をとりまとめて自宅へ帰る支度に余念がなかった。あれだけ厳格だった軍の規律とか指揮命令系統とかは、もうあったものではない。

この時私は、日本帝国主義の軍隊というものの醜態をまざまざと見た思いがした。私たちのような学生あがりの兵にとっては極めていかめしく見えた「軍人」たちが、結局は私利私欲に固まった人間集団にすぎなかったということもよく分かった。

私自身は、「ああこれでこの監獄のような軍隊生活から解放されるのか」という、ホッとした安心感と解放感でいっぱいであった。そして、真っ先に考えたことは、私の在隊中、しばしば名古屋から甲府まで面会に来てくれた姉（波奈）のところへお礼と解放感にあふれるよろこびの気持ちを伝えたくて、電報を打つために最寄りの郵便局へ走ることであった。

その時の電文は、正確に覚えているわけではないが、とにかく戦争が終わったことを「祝福する」とか「喜ぶ」とかという意味の電文だったのである。

実は、この打電については忘れがたい思い出がある。私の電文を見た郵便局の女性局員が、「兵隊さん！　こんな電文でほんとにいいんですか？」と念を押すように言うのである。私は、「日本の敗戦を祝す」とまではっきり書いたわけでもないのに、私の電文に局員がクレームをつけた。それは、やはりその局員をふくめて広く日本の国民は、「神国日本は不滅である」という一種の神話にとりつかれていたという証拠だと思った。

私は、「それでいいんですよ」と言いながら、慎重を期す意味で少しばかり電文を書き換えたうえで打電したのであった。その姉というのは、二人の姉のうちの二番目の姉だが、奈良女子高等師範学校の国文科を出て、当時は名古屋の市立第三高等女学校（略称「市三」）に勤めていて、いわゆる「勤労動員」で女生徒たちを連れて名古屋周辺の軍需工場へしばしば出かけていたらしい。そういう忙しいなかを、しばしば陸軍病院入院中や隊内の私のところへ面会（慰問）に来てくれたわけで、戦争終結と分かった時の私は、その姉に何をさしおいても私の気持ちをいち早く伝えたいという一心だったのである。

完全に軍隊から解放されて家族のいる名古屋へ帰宅したのは、一九四五年八月の末ごろだったと記憶する。出征の時、「重ちゃん、生きて帰ってきなさいよ」と言った母をはじめ家族一同から大歓迎をうけた。漠然と知ってはいたが、一番下の弟（秀夫）が名古屋空襲で米軍の焼夷弾の直撃を受けて死亡した時の様子を具体的に聴かされた時には、あらためて戦争というものの悲惨さや無意味さを痛感したのであった。

■待望の大学復学

そうこうしているうちに、一九四五年九月、待望の東京大学法学部への復学の日がやってきた。東京は本郷の東大正門をくぐった時はたとえようもなくうれしく、とにかく、「大学のキャンパスの空気というのはこんなにもおいしいものなのか」というのが実感であった。軍隊内の常時張りつめた重々しい空気と、自由にみちた大学のキャンパス内の空気との落差の大きさをしみじみと感じとったことであった。

二年前の出征時とはまったく逆に、「軍服から学生服へ」「銃からペンへ」と変わった環境の変化のなかで、次から次へと感動する場面が移ってゆく。次に感動を味わったのは、南原《なんばら》繁《しげる》教授の政治思想史の初めての講義の時であった。

南原教授と言えば、後に東大総長になるのだが、何よりも一九四九年十二月にワシントンへ赴いて教育改革とともに連合国との全面講和を訴えたり、米ソ冷戦下での日本の中立の重大性を主張するなどの同教授に対し、時の首相吉田茂が「曲学阿世《きよくがくあせい》の徒の空論」と非難を浴びせたが、直ちにそれに反論し屈しなかったことで社会的にも有名になった気骨ある学究である。その南原教授が、復学後私が聴いた最初の講義にあたって次のように述べたのである。

「私たちの大学でも、戦時中政府の圧力のもと、学問研究の自由の火が消されそうになりました。しかし、みんなで抵抗して、火種だけは最後まで絶やさないで今日までやってきました。今回、若々しい諸君を軍隊から迎えて、みんなで自由の炎をもう一度いっそう大きく燃えさからせようではありませんか」

この時の感動はいまだに忘れることができないし、それと同時に、「よし、これからは軍隊時代とは違って本も自由に読めるし、教授たちの専門的な学識からいくらでも学べるんだから、うんと勉強をしよう」と自分に言いきかせながら決意を固めたことが、つい昨日のことのように思い出されるのである。

私の学習意欲は、早くも正規の講義だけではなく、まさに自主的な学習の機会を求める方向へ進んでいった。それは単に私一人だけではなかった。軍隊から復学してきた学生だけではなく、戦時中大学に残っていた学生たちの間からも、「戦後の解放感」のなかで「自由に学びたい」という欲求が盛り上がっていた。

ある時、私たちの間で、誰からともなく、マルクスの『資本論』を読もうじゃないか、という声がもりあがった。それで、経済学部の大河内一男教授のところへ、『資本論』学習の際の指導、助言をしていただけないか、という交渉に赴いた。そうしたら大河内教授は、「『資本論』ですか。そうですねぇー。『資本論』はちょっとねぇー。ヒルファーディングの『金融資本論』なら私が引き受けてもよいのですが……」とのことであった。その時、感じたのは、戦争が終わって、これだけ自由な雰囲気が漂っているというのに、進歩的教授の誉れ高かった東大教授といえどもマルクスとなると二の足を踏むのかなあ、と、戦争中の学問の自由への束縛がいかにきびしくて、その後遺症がいまだに残っているのかと暗黒時代を偲ばざるをえなかったものである。

われわれはやむなく指導教授なしで『資本論』の共同学習を始めた。その時の学習サークルには、私のような法学部の学生だけではなく、経済学部の学生を中心に全学的・横断的にあらゆる学部の学生が参加していた。私が名前を記憶している仲間としては、当時経済学部の大学院に在籍していた塩田庄兵衛さん、それから経済学部学生の田沼肇さんらがいた。そのころ経済学部の学生自治会で指導的役割を果たしていた井出洋さんも時々顔を出していた。農学部や文学部の学生もいたが、ついに最初から最後まで法学部の学生は私一人だけであった。

■初めて新憲法の条文に接する

日本国憲法は一九四六年十一月三日公布、一九四七年五月三日施行である。戦争が終了し、日本が連合国軍による「戦後占領」下におかれ、憲法の改変問題、つまり「大日本帝国憲法」から今日のいわゆる「日本国憲法」への転換の過程で、国会内外で何がどのようにおこなわれていたかについては、その当時の私は正直言ってまったく無関心であり、ひたすら下宿と学内において政治学や法律学関係のテキストブック類を中心とする勉強に励んでいた。

いわゆる憲法制定議会では、憲法改定問題が、特別委員会まで設置して真剣に討議されていたのである。GHQのマッカーサー元帥をトップとする対日占領軍当局の関係者も、日本の新しい憲法については鋭い関心をいだいていた。にもかかわらず、法学徒である私は新聞報道で憲法改定をめぐる政界の状況を知るのみで、さほど深くそれを探究しようとする願望はいだいていなかったのである。東大法学部における憲法講座は、宮沢俊義教授が担当しており、私も同教授を聴講して単位を取得したのであった。

宮沢教授の講義は、まだ新憲法が施行される前の時期だったこともあり、大日本帝国憲法を中心としつつも、どちらかといえば憲法論の概論的な講義が中心であった。新憲法が施行されたのは一九四七年五月三日であり、宮沢教授の憲法の試験は、新・旧どちらの憲法を選んでもよい、というまさに過渡的時期らしい状況であった。

私の関心は大学に復学した時からもっぱら新しい憲法の方に傾いており、一九四六年十一月に公布されて初めて「日本国憲法」の条文を見た瞬間、その新鮮さに感動を覚えたことは恐らく生涯忘れることができないものだろうと今もそう思っている。

軍隊生活であれだけ苦しめられたのも、もっぱら「大日本帝国憲法」の第二十条「日本臣民ハ法律ノ定ムル所ニ従ヒ兵役ノ義務ヲ有ス」によるものであった。ところが、今は、その軍隊から解放された自分がここにいる。こんどの憲法には、そういう兵役の義務に関する条文はもちろんない。

考えてみると、旧憲法の第一条は、「大日本帝国ハ万世一系ノ天皇之ヲ統治ス」とあるのに対し、新憲法は、その前文の冒頭からして、「天皇」や「国家」ではなく、「日本国民は……」から始まっているではないか。しかもこの前文は、全体が四つのパラグラフから成っていて、すべてのパラグラフの最初の書き出しが、「日本国民は」（正確には三つが「日本国民」であり、あとの一つは「われらは」）から始まっているという徹底した国民主権主義の憲法ではないか。

私は二十一世紀に入っている今でも、何かあると青年・学生時代の軍隊生活の悪夢がよみがえってしかたがないのだが、新憲法にははっきりとその第十八条に、「何人も、いかなる奴隷的拘束も受けない。又、犯罪に因る処罰の場合を除いては、その意に反する苦役に服させられない」とあるではないか。

本来、真っ先にふれなければならない性質のことだが、何よりも戦争放棄と軍事力保持の禁止を定めた新憲法の第九条の条文を初めて読んだ時、私はこの条文だけはがっちりとにぎりしめて、これからずーっと絶対に離すまいという思いにかられたのであった。私の戦後における自称「憲法人生」の始まりのまたその淵源は、考えてみると、この九条の条文を初めて読んだ瞬間だといえるのかも知れないと思っているし、現にいまも小憲法（ポケット憲法）は一日といえども私の身体から離れることもなく私と行動をともにしている。

新しい憲法典を手にして感激・感動を覚えたのは私一人に限ったわけではない。圧倒的多数の日本国民が、この新しい憲法の制定をどれほど歓喜をもって迎えたかは、岩田行雄編・著『世論と新聞報道が平和憲法を誕生させた！——押し付け憲法論への、戦後の61紙等に基づく実証的反論――』という自費出版の刊行物を読めばよく理解できると思う。ついでにふれておきたいのだが、岩田氏はその刊行物のなかで、「声高に憲法改正を叫んでいる安倍首相にも、（吉田茂の＝筆者注）孫である麻生太郎副総理にも、素直な気持ちで読んで、是非とも勉強してほしい文章である」という前置きのあと、いわゆる「押し付け憲法論」批判を、当時の首相吉田茂の『回想十年』の中の章句を引用することによって要領よくかつ説得力ゆたかにおこなっている。

■大学在学中の想い出

私は大学在学中は、いまでいうＪＲ（当時は「国鉄」）中央線の武蔵小金井駅の近くの下宿から本郷へ通っていた。途中駅である荻窪駅の近くに長兄夫妻が住んでいた。兄夫妻は私の外食生活に同情をしてくれたのか、時々、「大学の帰りにうちへ立ち寄っていかないか」と誘ってくれたのであった。兄宅へ立ち寄るたびに義姉は私に夕食をご馳走してくれた。

その兄というのは、名前は藤枝高士といって、法政大学の英文学科を卒業して、そのころは世界評論社で出版物の刊行の仕事をしていた。食事やお茶を飲みながらの兄夫妻と私との対話というのは、私に言わせれば、いわゆる「学談」ともいうべき内容の話題が中心であった。義姉にとっては退屈な話ばかりだったかも知れないのだが、すべてが学究肌だった兄にリードされた形であった。兄の話の中で出てくる人名はと言えば、野上豊一郎、本多顕彰、小田切秀雄といった法政大学関係の錚錚《そうそう》たる英文学者や評論家たちばかりであった。

ある時、兄は私に対して次のようなことを言った。

「重夫よなあ。お前は法科だから法律の勉強ばかりしてるんだろうと思うけど、在学中にぜひ社会の土台に関する学問ともいえる経済学の勉強だけはしておけよなあ。それにはぜひとも『資本論』を読むことをすすめたいなあ」

英文学を専攻した兄から『資本論』の話が出た時には、一瞬意外に思ったのだが、実はそのころ兄は、世界評論社で、『貧乏物語』で有名なマルクス経済学者河上肇《はじめ》の『自叙伝』の刊行実務を、一人で担当していたのである。原稿集めから校正にいたるまで、恐らく大変な仕事だったろうと思う。

河上先生は、一九三三年治安維持法違反で逮捕、懲役五年の判決を受けて下獄。三七年出獄後は、「私は今回の出獄を機会に、これでマルクス学者としての私の生活を閉じる」と言いつつ、京都の自宅に閉じこもり「自叙伝」の執筆に専念していた。

兄はその原稿を受けとるため、東京と京都の間を何度も往復していたわけである。恐らく、兄が私に『資本論』の学習をすすめる気持ちになったのも、河上先生との触れ合いのなかで受けた影響に起因していたのではないかと推測している。河上先生と兄との関係は、その後の藤枝重夫と畑田みちるとの結婚にいたるまでその影響が及ぶのであるが、これについては後にあらためて詳しくふれることにしたいと思う。
兄は、ゾルゲ事件（＊1）で有名な尾崎秀実《ほつみ》の、獄中から家族に宛てた手紙を集めた書簡集『愛情はふる星のごとく』（一九四六年、世界評論社）の刊行にも携わった経験をもっていたが、とにかく進歩的な思想の持ち主で、今から考えると、私はその兄からずいぶん思想的な影響を受けたような気がしている。その兄も今はこの世にはいないが、私は今にして兄弟の恩義のありがたさをしみじみとかみしめている。

（＊1）太平洋戦争前の日本で、リヒアルト・ゾルゲ駐日ドイツ大使を中心に、朝日新聞記者尾崎秀実の協力をえて、日本政府の機密、ドイツ大使館の情報や中国情勢をソ連政府に通報したという理由で、一九四一年九月から四二年四月にかけてゾルゲ、尾崎らが逮捕された事件。

そのほか、学生時代の想い出としては、いわゆるアルバイトをしていた時のことがある。私は、両親が二人とも学校の教師という家庭に生まれたのだが、経済的に必ずしもゆとりがあるわけでもないわが家にとっては、七人の子どもを全部高校なり大学へ出すのは大変なことだろうと、若いころから両親の家計を少しでも助けたいという気持ちをもっていた。そんなわけで、旧制八高在学時代にもアルバイトとして家庭教師をやっていたのである。その時の教え子の一人に、その後「ロボット博士」として有名になった元東京工業大学教授の森政弘くんがいることも私のささやかな自慢の種のひとつである。

八高時代のみならず、東大時代にもアルバイトを続けた。いわゆる「東大サンデースクール」という名称で、都内外の高校生を集めて受験勉強の指導をするというアルバイトであった。そこでは、特定の学部の学生のみならず、横断的に各学部の学生が教師をつとめたわけである。ある時、職員会議のあとの雑談のなかで、農学部のKくんが何気なく、「本屋なんかで、襟にJをつけた学生が入ってくると胸くそが悪くなるんだよなあ」とつぶやいたのである。J（法学部）の学生である私がそばにいることを意識して言ったのかどうかは必ずしもさだかではなかったのだが……。しかし、それがどうであれ、私としては敏感に受け取らざるをえなかったのである。

「やっぱり法学部の学生というのは、他学部の学生からすると、いつも六法全書を片手に持ち、法律の勉強ばかりしていて、結局は『高等文官試験』（略称「高文」）にパスすることしか考えていない連中ばかりなんだと思われているにちがいない」と、そう思ったのであった。たしかに、法学部の学生というのは、全部が全部とは言わないが、ほとんどが、高級官僚もしくは裁判官や弁護士をめざしての試験勉強を一度は志したことがあると言っても過言ではないであろう。今は、公務員試験と司法試験とに分けられていて、それぞれ高級官僚とか弁護士や裁判官を目指しているが、われわれのころは、「高文」といってそれが「司法科」と「行政科」との二つに分かれていたのである。

私は、兄の影響があっただけでなく、自分でも戦後の勉強のなかで、日本の高級官僚たちが戦前・戦中にどういう役割を果たしてきたのかを曲がりなりにも理解していたし、大学の法学部在学中から「高文」制度は廃止すべきだという考え方に傾いていた。そんなわけで、ある時、法学部の何人かの志をともにする仲間たちと相談をして、東大のキャンパスのなかで公然と高文制度そのものの廃止を求める運動を開始した。

そうしたら、「お前たちは高文に合格できそうもないんで、負け惜しみにそんな運動をやってるんだろう」という声がわれわれの耳に入ったのである。生来負けず嫌いの私は、「よし、それなら『高文』をとってからあらためて廃止運動を始めてやろう」と決意し、それから約半年間、正規の講義にも出ないで、小金井の下宿に閉じこもり、「高文」の行政科関係の試験科目の勉強に専念した。今から回想してもあの時期ぐらい勉強に集中して、いわゆる「猛勉」生活に徹したことは私の人生で空前絶後である、と言ってもまちがいではあるまい。

幸いにも私は在学中に一度で「高文」にパスをしたので、当初の計画どおり、高文制度廃止運動を再開することにしたのであった。しかし、やはり東大法学部の長い歴史と伝統はしっかりと根づいていて、われわれ少数の学生の力では何とも抗しがたく、まさに「衆寡《しゅうか》敵せず」という言葉どおり、途中で断念せざるをえないという結果に終わってしまった。私の青年時代の「正義感?」というのか、はかない夢に終わった一齣《ひとこま》であった。

もう一つ、学生時代の読書に関する想い出の一つについて書いておきたいと思う。

これも、実を言うと、兄の間接的なすすめによるものだったのかも知れないのだが、在日の作家金達寿《キムダルス》の『後裔の街』という長編小説を読んだ時の強烈な印象についてである。この作品は、早稲田大学に学んだという昌倫という在日の若者と、彼の従妹にあたる英梨という京城に住んでいた女性との恋愛物語にはちがいないのだが、日本にありがちだったいわゆる私小説的な物語ではなくて、背景に民族的な苦悩や抵抗の姿を感得させる小説だったのである。日本帝国主義による朝鮮に対する植民地支配時代における、スケールの大きな文学作品の一つと言えるのであろう。私が、大学卒業後、日朝関係論に大きな関心と興味をいだくようになったのも、戦後間もない学生時代にこの文学作品に接したことが影響しているのかも知れない。ちなみに金達寿の小説にはこの『後裔の街』の他にも『玄界灘』『太白山脈』『朴達の裁判』などがある。

3　高級官僚の世界で

■敗戦直後の社会情勢と就職問題

軍隊生活の二年間を「地獄」とするならば、私にとっての三年間の大学生活はまるで「極楽」とでも言えばわかりやすいのだろうか、とにかく復学後のカレッジライフを心から謳歌《おうか》しつつ、文字どおり満喫することができたという感じであった。

軍隊生活の「対極」としての学園生活がどんなに楽しく快適であったとしても、卒業の時期というのは必ずやってくるわけである。

一九四八年四月――今なら三月が卒業式というのが普通であろうが、われわれの時は四月であった――が近づくと、今日と同じようにかなり早くから就職活動が始まっていた。

時の社会・経済情勢はと言えば、まず世界的にはちょうど米ソ両大国の「冷戦」体制を中心とする、東西両陣営の対立が表面化しつつある時であった。一九四六年のチャーチル英首相の「鉄のカーテン」で有名なフルトン演説に始まり、一九四七年のアメリカによるギリシャ、トルコへの軍事援助で知られたトルーマン・ドクトリンを経て、ＮＡＴＯ（北大西洋条約機構）の前提ともいうべき一九四八年四月のアメリカによるマーシャル・プランへと、アメリカの「対ソ包囲戦略」が着々と進行するさなかであり、ソ連側もそれに対抗する準備に余念がない状態であった。

そういう国際情勢の流れの中にあって、当時の日本は連合国軍によるいわゆる「戦後占領」下におかれていた。戦勝国である連合国によるワシントンの極東委員会のもと、東京には対日理事会があった。しかし実質的にはマッカーサー元帥をトップとする連合国軍総司令部（ＧＨＱ）の完全管理下におかれており、時あたかも財閥解体や農地解放（自作農創出）など、米主導の日本民主化政策がどんどん推進されているさなかであった。そういうなかで、日本の社会はいわゆる戦後期の混乱・混迷そのもので、あらゆる面でまだ平時の落ちついた日常性をとりもどすまでにはいたっていなかった。このようななかへ、社会人として軍隊帰りのわれわれが巣立ってゆくという光景だったわけである。

〝新生日本〟への希望を夢みてのことであろうが、官民問わず大卒の新人を欲していたとみえて、すでに一九四七年の半ばごろからわれわれ新卒者には各方面からの勧誘がさかんにおこなわれていた。

私は高文合格という資格——当時は〝有資格者〟という言い方が一般にされていた——を使って就職しようなどということは全然考えていなかった。すでに前回に書いたように在学中に「高文制度廃止運動」をやった関係もあって、意地を張って有資格者としての特権を使うことだけは絶対にすまいと心に固く決めていたわけである。

たしかに逓信省、農林省（いずれも当時の呼称）をはじめいくつかの省庁から私にも勧誘があった。なかでももっともしつこく、巧みな口実を設けて働きかけをしてきたのは鉄道省の人事担当官であった。

鉄道省の係官いわく、「あなたにはぜひ国鉄へ来てほしいんです。国鉄に入っていただければ交通費の心配は一切無用になりますよ。卒業と就職の二重の吉報をもって実家へお帰りになり、ご両親にご挨拶をなさったらいいじゃないですか」と。

しかし、私はどの官庁にたいしても平等に、「しばらく考えさせてください」という言い方で丁重にことわり続けた。

両親や兄姉たちは、正直のところ、私には有資格者としての特権を生かして官庁へ就職すればいいのに、と思っていたらしい。しかし、私としては、もし中央官庁に就職すれば、ただ一つしかない自分の人生が学生時代から忌み嫌っていた「高級官僚」の生活で終わってしまうのではないか、という思いが強くて、思想的にも心情的にもどうしても納得できなかったのである。

それならば民間の会社へ就職するか、ということになるのだが、それこそ戦後の経済的混乱のなかでもあり、将来的にもずっと安心して働ける職場だと思えるところが見当たらないまま、時間だけが過ぎてゆくという日々が続いた。

そのころ、兄や姉たちは、それぞれジャーナリストとして、あるいは学校の教師として安定した職場に落ち着いていた。そういう状態をみると、私だけがいつまでも親や兄姉に心配をかけるのは心苦しいという思いにも襲われるのであった。とくに母親には、病弱で特別の心配をかけてきた私である。そんなことを考えると、葛藤の日々を送っていた私もいよいよ追いつめられた気持ちにならざるをえなかった。いつまでも意地をはっているのではなくて、素直に高文合格の資格を生かすのもやむをえまいか、と、この時だけはついに節操も意地も曲げて「資格」を生かす道を選択せざるをえないところへ追いこまれたのであった。そうでもしないと、「大学出の失業者」になるわけだし、これ以上親に心配をかけるのは親不孝の極みだと自らを納得させたのであった。

そこで、官庁となると、やはり幼少時に外交官を夢みたことがあった私は、真っ先に自分の方から外務省へ足を運んで就職活動を開始した。同省の人事課の担当者いわく、「今年度は誰も採用しないことになっているのです」と。もちろん、相手は私が有資格者であることもちゃんと承知していた。なぜ採用しないのかとたずねたところ、「日本が戦争に負けて、いわゆる一等国から三等国、四等国に転落してしまい、世界各国から大使や公使の召還をしている最中で、今は人あまり状態なのです」との返答である。

私はいよいよ困りはてた。第一志望の外務省が駄目ならばあとはどこか、ということになる。就職活動の対象として、一度断ったもろもろの官庁に頭を下げて足を運ぶのは私の面子がたたないしと、思案にくれていたところ、まだ一度も勧誘に来ていなかった官庁として旧内務省があることが分かった。「大卒の失業者」という汚名だけはさけたい思いがあったし、ついに背に腹は代えられぬ気持ちで結局旧内務省に就職することに決めた。

■中央官庁（旧内務省）の雰囲気

旧内務省とは、誰もが戦前の「特高警察」を連想するのであって、私としても決して好ましい官庁ではなかったことは言うまでもない。しかし、その私にとってかすかな精神的な救いはと言えば、ちょうどそのころ、翌一九四八年には新しい警察法が施行されて、守るべきは国民の生命と人権だという民主警察が発足することがほぼ判明していたことである。それは国家警察と自治体警察（当時は略して「国警」「自治警」と呼んでいた）とに分かれることを中心とした、いわゆる日本国憲法下の警察への変貌をとげることになっていたのである。

これは今ではまったく信じられないことだと思うのだが、旧内務省は、われわれの卒業を待たずに在学中から「昭和二十二年（後期）の入省者」として十数名の採用と即登庁を発表したのである。われわれ学生が即登庁というのは何か事務的なまちがいではないかと問いただしたところ、大学当局の了解も取り付けてあるので大丈夫だというのである。それこそ戦後の混迷期の典型的な現象と言ってよいであろう。

入省してみて驚いたことに、何と十数名の同期入省者のうち一名を除いて全員が東京大学法学部卒ではないか。その一名というのが京都大学法学部卒であった。私は今でも名前を憶えているのだが、岸要くんである。その岸くんというのは、非常におとなしい性格で、心なしかいつもさびしそうで、居場所がないように映るのが気の毒でならなかった。果たせるかな入省後二～三カ月で岸くんはいつの間にか辞職をして職場を去っていた。私はいわゆる「東大閥」というものの恐ろしさを感じざるをえなかった。私は大学在学中から、戦前・戦中の日本において東大法卒の高級官僚たちが果たしたよからぬ役割を知っていただけに、「なるほどこれなのか！」と思うと同時に自分もいまその中の一人として存在しているのかと思うと、どうしても精神的に安んじることができなくなってくるのを禁じえないのであった。

私の入省後の所属は内事局という名の局であったが、ある日のこと、中川という部長が私を呼びつけて、「君は背も高いし、国警本部へまわってくれないか」と言うのである。「警察」と聞いて、私はいくら新警察法のもとでの「民主警察」といっても、一瞬ゾッとした。しかし、強情をもって自認する私にも案外従順な一面もあって、その時はどういうわけか中川部長の指示を素直に受け入れて国警本部へまわることになったのであった。そうしたらこれまた驚いたことに、まだ学生の身分の私であるのに、最初から「警部」という位が与えられたのである。

まだ弱冠二十三歳の学生であるのに、私の部下に警部補、巡査部長、巡査がいるのである。しかも、警部の私にははじめから個室が与えられており、昼になると、巡査が私の部屋をノックして、「警部殿の食事を持ってまいりました」と言うのである。軍隊時代に上官の部屋へ食事を運んだわれわれ学徒兵の体験が思い出されて仕方がなかった。

年恰好《かっこう》からして四十代から五十代に見える巡査に食事を運んでもらう自分はといえば、警察官としては何の実績も経験も全然ない一人の学生あがりにすぎない。これだから、苦労なしに、ただ「資格」があるというだけでトントン拍子で昇進してゆく人間を主体とする日本の官僚制度には「問題あり」なのだと、しみじみそう思わざるをえなかった。

またある時、私は上司から、「君は将来多くの部下を指揮しなければならない場におかれるんだから、ただ一回だけでいいから部下のやることを経験しておいてほしい」と言われた。そしてピストルの操作をはじめ、罪人などを捕まえるときの捕縄、さらには短い警棒やや長い警杖の操作も一通り体験した。何よりも忘れることができないのは、中央線の四ツ谷駅近くの交差点で、交通整理の巡査のやることを一日だけ経験させられた時のことである。小さなボックスの上に立って「ピー」と笛を吹く経験もした。読者の皆さんに、警部の制服・制帽姿の私が、街角で交通整理の役をやっている姿を想像できるだろうか。

また、折にふれて上司から、「君たちはやがてどんどん昇進してゆくんだが、汚職だけは絶対やっては駄目だよ。マージャンをやってもよい。ゴルフをやってもよい。とにかく汚職だけは気をつけろよ」といった台詞を何度聞かされたことか。東大法卒の有資格者たちというのは、何かあった時にはお互いにかばい合うというのが伝統的な慣わしになっているということを聞いたことがあったが、「汚職だけはするなよ」と言うのも、何とかして「東大閥」に属する者をお互いに守りぬこうという気持ちが根底にあるのではと、思ったものである。

実は、旧内務省に入った時の人事課長が、後に東京都知事を四期もつとめた鈴木俊一氏だったのである。私は一九八七年と一九九一年の二度東京都知事選挙の候補者となったが、その時の現職の有力候補が二度とも鈴木俊一氏だったということにも不思議な因縁めいたものを感じた。この都知事選の経験についてはのちに詳しく書く。

■ささやかな「役得」と退職

正直に告白するが、国警本部在職中、私はいわゆる役人としてのいくつかの役得にあずかった。一つは「青パー」と言っていたのだが、私には青色のパスが与えられていて、そのパス一枚あれば、映画館もタダ、国鉄（当時）もタダという特権であった。

いま一つは、国警本部にゆく前に内事局にいた時のことである。在職中に一度だけだったのだが、鳥取県から上京してきた同県の役人から手土産として紺の背広一着分の生地をもらったことがあった。上司から汚職だけは禁物だよ、と言われていたので、一瞬とまどったのはいうまでもない。熟考のうえ、私はその品の受け取りを断ったのだが、相手はどうしても納得せず、二人の間で押し問答を繰り返していた。そうしたら、私の隣のデスクに座っていた先輩上司（有資格者）が、小さな声で、「それくらいのものはもらっておけばいいんだよ」とささやくのである。

　結局、私は気がすすまないままでその背広の生地を受けとることになったのであった。どうも「こんな品物なんかは汚職の対象にもならんのだよ」と言わんばかりの感覚そのものに、私はすっきりしないものを感じながらも、その場の雰囲気に流されたわけだが、その時頭に浮かんだのは父藤枝哲のことであった。父が公立学校の教師で公私の混同を許さないという厳しい人間であったことは、本書の「私の生い立ち」のなかで書いた。父兄その他から盆暮れのお中元とかお歳暮などの名目で届けられるどんな品であれ、全部返却していたのを子ども心ながら私はよく覚えていたので、官僚の「これくらいの品は……」という感覚そのものに抵抗感を禁じえなかった。

　有資格者というのは、このようにさまざまな特権的な恩典や「役得」に慣れっこになりながらどんどん昇格・昇進してゆくのか、と思うと自分自身の将来が末恐ろしくなってきた。しかも、このまま国警本部におれば、自分がデモなどの学生や労働者のたたかいを弾圧する先頭に立たなければならないのではないかと思うと、今のうちに、「一日も早くこの世界から足を洗うに如《し》くはなし」との思いに傾かざるをえなくなるのであった。

精神的に苦しみぬいた末のある日、私は直属の上司に退職を申し出た。するとその上司いわく、「おれでは何とも言えないから、課長、部長、局長、大臣まで自分で了解をとりつけてくるんだなあ」と。しかも、その時に言った次の言葉は今もって忘れることができない。

「君は役人というのは地味で給料も安いんで、もっと給料の高い民間の大会社への就職を望んでいるんじゃないだろうなあ。君のように資格をもっている者で途中で辞めたのは、南原繁さんという東大教授が富山県主事補を辞めて大学へ帰ったというただ一つの先例があるだけなんだよ。君はこのままゆけば将来警視総監の地位は間違いないのに、本当に今辞めて後悔しないだろうなあ」

私はその時、「給料が安い高いが問題ではなくて、自分で学費を払ってでも大学院で勉強をしたいんです」と答えた。そうすると、「東大法学部の大学院だろう？　指導教授は誰なの？」と聞かれたので、「江川英文教授です」と答えた。実を言うと、私は少し前から内緒で江川教授に大学院での指導教授の了解をとっていた。その上司ももちろん東大法卒の有資格者だったので、私がウソをついているのではないと確信したとみえて、しぶしぶ私の希望に了解を示しはじめたという経過があったのである。

私は課長からはじまって、部長、局長、大臣のところまで了解をとりつけるために一日中各部屋を回ったのだが、何と最終的に全部了解を得るまでに前後約六時間を要した。もちろん、課長から大臣にいたるまで、全員東大法卒の私の先輩格に当たる人たちばかりであった。「依願退職」の辞令一枚入手するのにも、こんなに手間がかかるのかと、また中央官庁というものへの私の嫌悪感が深まるのであった。

退職した直後にも特筆すべき貴重な体験があったことを紹介しておきたい。短期間ではあったが「青パー」を持っていた私は国鉄の乗降には不便を感ずることはなかった。ところが辞めたとたんに、私は国鉄の駅である種の戸惑いを感じたのであった。切符を購入するために多数の人が行列をつくって並んでいたのだが、その時、あらためて、また、有資格の役人というのは、いつの間にかこのような庶民の生活感覚からはなれ、結局は庶民の暮らしに正しい理解が及ばなくなるんだなあ、とそう思わざるをえなかった。一年近い私の役所生活でもそうなのだから、それが長くなると、想像もつかぬように一般の労働者・国民から大きくかけ離れた感覚の持ち主になってゆくにちがいないのである。そしていわゆる「天下り中毒」に侵されてゆくわけである。ただでさえ、「自分たちは難しい試験にパスしているんだ、一般国民は頭の悪い奴らばかりなんだ」というエリート意識は、有資格者には抜きがたくしみついている。いまでいえば偏差値の違いを根拠としたエリート意識である。

それからもう一つ、私の短い「高級官僚の世界」を覗いた経験からの官僚論の一端としてのべておきたいことがある。政治家というのは必ず選挙という洗礼を経なければならないのだが、官僚というのは月給制のゆえに、生活そのものには何の心配も無用であるうえ、政策立案などについても、少なくとも定年退職の瞬間までは公然たる場で国民的な批判とか責任追及を受けることもなく、安泰きわまる生活を送ることができる特殊な人種であるということである。

さて、二十世紀の末のあるとき、同郷（京都丹波）で、高文合格、一年ちがいの旧内務省入省というように共通の経歴をもち、思想的にも極めて近い元防衛庁官房長の竹岡勝美さんと、ある新聞紙上で対談をする機会があった。竹岡さんは、みずからを「わだつみ派防衛官僚」と称しつつ、平和と民主主義のために執筆や講演での活躍を期待されていた貴重な友人の一人であった。

彼いわく、「（前略）警察庁の人事課に入ってみたら、私より先に最後の内務省トップで採用されたという畑田さんが座っておられたのには、その奇遇を懐かしみました。ところが、その前途を期待する上司の慰留を振り切って、突如、名古屋大学法学部へ転出された。私の立身出世欲に比して、内務省にトップで採用されながら、その信念には我が身に比して敬服します」（「平和新聞」一九九八年三月二十五日付）。

竹岡さんは、軽い脳梗塞《のうこうそく》をわずらい、リハビリ中だったが、残念ながら最近亡くなったと聞いた。さびしい限りである。

私と同期入省の仲間たちを見ると、下稲葉耕吉くんをはじめ二、三名が歴代警視総監の中に名を列ねているが、そのほとんどが例外なく、一再ならず「天下り」生活を送っている。私だけは、いち早くその世界から足を洗ったおかげで、貧乏生活こそいやというほど味わってはいるが、地位や名誉やお金にこだわりなく、人間と人間とのあたたかいふれ合いのなかで、心ゆたかな老後を送る幸せにめぐまれている。

4　結婚と名古屋での生活

■縁談の端緒も河上肇先生と長兄

大学の在学中に長兄の藤枝高士夫妻に物心両面で世話になり、思想的にも多大の影響を受けたことについてはすでに多くを書いたが、私の結婚も、兄高士と無関係には語れない。

大学在学中、例によって国鉄中央線の御茶ノ水駅から乗って小金井へ帰る途中、荻窪駅で下車、兄夫妻のところへ立ち寄る回数はますます増える一方であった。ある日、夕食のあと兄が、「重夫よ、お前もやがては結婚のことを考えなきゃならんと思うんだが、東京の世田谷におれの知人の娘さんがいるんだよ。一度、機会をみて会ってみる気はないか?」と言ったことがあった。

兄自身が早婚で、いわゆる学生結婚の経験者なので、私は兄らしい話だなあと直感しただけだった。戦争が終わり、やっと落ち着いて勉強ができるというよろこびにみちあふれていたときでもあり、結婚のことなど、それこそ毛頭念頭になかったので、そのときの兄の話は軽く聞き流した。

兄は、まだ結婚の話は重夫にはタブーだと思ったにちがいない。その証拠に、それ以後は、もっぱら情勢問題や学問的な話ばかりであった。それまでの軍隊生活や中央官庁での生活のなかで、学問的な話には飢えていた私だけに、兄の話はとても魅力的であったし、恐らく兄も、私の態度を見て、学問的な話をすることによろこびや生き甲斐を感じていた様子だった。そういうなかで、出てくるのはやはり河上肇先生のことが圧倒的に多かった。

兄の話から、私は無類の勉強家、努力家であると同時に、権力に対する不屈の抵抗精神をもつ「思想家」河上肇をいつしか心から私淑《ししゅく》するようになっていた。兄に対し、河上肇について私の方から矢継ぎ早に質問を浴びせかけたことも一再にとどまらなかった。敗戦の翌年にあたる一九四六年一月三十日、栄養失調のため河上先生は六十六歳で生涯を閉じていたのだが、兄のおかげで、短期間ながら河上肇の学問的業績はもとより人間性や思想性にいたるまでずいぶん深く広く学ぶことができた。

大学も卒業に近づいたある日のことであったが、兄がまたもや結婚の話を私にもちかけてきた。今度の言い分は、前回とはちがって初めて河上先生のことをからめての話である。

「この前ちょっと話をした世田谷の知人というのは、実は、河上先生と非常に懇意にしてきた畑田朝治さんという人の娘さんなんだよ。おれは河上先生からまるで遺言みたいに、『畑田さんの娘さんと藤枝さんの弟さんとの結婚はぴったりだと思うんだが……』としきりに言われていたんだよ」

私が尊敬してやまない河上先生のすすめだというのなら、とにかく一度その畑田さんの娘さんと会ってみようか、という気にだんだんとなってゆくのであった。まるで、兄の誘導尋問に引っかかったようだなあと、自分でもそう思わざるをえなかった。

当時、畑田さん一家は、世田谷の三軒茶屋の交差点からちょっと奥に入ったところにあった二階建ての和洋折衷の家――数年後には大田区の洗足池畔の茶室、茶庭づきの純和風の家へ転宅――に住んでいた。

あるとき、私は兄に連れられて世田谷の畑田宅を訪ねた。畑田さん宅には、一燈之《ひとし》という名の息子と、みちるという名の娘がいて、一燈之さんは敗戦後間もない一九四六年二月十八日に肺結核のために死去、みちるは青山学院大学の家政科を卒業したばかりで、母親の指導のもとお茶の習い事に専念していた。

戦争中、京都府の亀岡の近くに住んでいた畑田朝治さんは、京大教授であり社会運動家でもあった河上先生のよき理解者であり協力者の一人であった。私が初めて会ったときには、東京で一燈書房という出版業を営んでいた。その書房の名は、亡き一人息子一燈之の名からとったそうだ。朝治さんの妻静子さんは、畑田宗静と名乗り茶道（表千家）の教授をしていた。ちなみに、洋画に打ちこんでいた長男一燈之の遺作は、『畑田一燈之遺作集』（一九七〇年六月、大塚巧芸社）に収録されており、ごく最近、信州は「無言館」の窪島誠一郎館長の厚意により、一燈之の油絵やデッサンが同館に収蔵された。

初めて紹介されたみちるは、いかにも茶道をやっている静子さんの娘らしく、和服の似合う、もの静かでしとやかな感じの女性であるというのが、私の第一印象であった。

今で言えばデートなのだろうが、その後私たち二人はしばしば会っては一緒にお茶を飲んだり食事をしたり、彼女の自宅近くにあった、後に東映フライヤーズ（現北海道日本ハムファイターズ）の専用球場の駒沢球場となる旧陸軍駒沢練兵場の跡地を歩いて、愛をあたため合ったのであった。ちょうど私が大学院へ復帰した直後の一九四九年五月、約一年間の交際期間を経て正式に結婚にこぎつけたのであった。

■ジャンケンで負けて畑田姓に

兄の話では、河上先生は、私たち二人の結婚の仲人をするのを楽しみにしておられたそうだ。しかし、その時にはすでに先生は亡く、代わって河上先生とも親交があったと同時に、畑田一燈之の恩師安井曾太郎《そうたろう》画伯がわれわれの仲人をしてくれることとなった。戦後の一時期、会費制の結婚式が大流行したものだが、私の結婚のときには、まだ古いしきたりで、仲人を立てて、結納といった伝統的流儀もすべて踏襲しての結婚式であり披露宴であった。

形ばかりの新婚旅行にも行った。行先は温泉地の湯河原で、安井先生のアトリエの近くの山の中腹にあった天野屋別館と称した宿であった。同館二階の縁側の籐椅子に座って、二人で結婚後の姓について話し合いをしたときのことは生涯忘れることができない。新しい憲法を感動的に受けとっていた法学徒の私は得意然として、必ずしも憲法には明るくないみちるにいろいろと解説的な話をするのであった。

まず、「憲法十四条が明らかにしているように、性別をふくむ一切の不平等はみとめず、『すべて国民は、法の下に平等』なんだよ。だから、男女平等が建前であり、したがってまた夫婦平等であって、憲法二十四条は、『婚姻は、両性の合意のみに基いて成立し、夫婦が同等の権利を有することを基本として、相互の協力により、維持されなければならない』となっているんだ」ということをみちるに解説的に説明をした。幸いにも、みちるは即座に理解を示してくれた。

新婚時代。東京洗足池畔の自宅前で(50年)

さて、早速、具体的に結婚後の姓をどうするか、ということになった。本来ならば、二人の話し合いで決めるのがもっともよい方法なのだが、当時の社会的状況からしてあんまりのんびりと時間をかけて話し合いを継続するというのもどうなのかなあ、ということで、結局、抽選かジャンケンで決めようということで合意が成立した。しかし、抽選だと、またあみだくじを作ったりするのは面倒だから、ジャンケンでということにした。ただし、一回のジャンケンで一生涯どちらかの姓に決まってしまうというのもちょっとあまりにもあっけないというわけで、結局三回勝負でということに決めた。その結果、私は二対一で敗れ、その瞬間から、畑田姓を名乗ることになり、九十歳を超える今日までずっと畑田重夫として生きぬいてきたわけである。

藤枝家と畑田家が結婚するのではなく、重夫とみちるの二人が結婚するのだから、そのときのわれわれ二人の合意は憲法論的にいって当然のことであった。私は新しい憲法にほれこんでいたさなかであったし、みちるは大学がミッションスクールの青山学院だったこともあって、いわゆる皇道主義的・全体主義的な考え方には批判的で、比較的リベラルな考え方を身につけていたということがあった。そのうえに、戦時中から河上先生のことを「おじいちゃん」「おじいちゃん」と呼んでいたほどに畑田ファミリーは河上先生から思想的影響を受けていたという事情もあって、みちるはむしろ私よりも先に進歩的な思想をいだいていた。そんなこともあって、結婚後の姓を二人で相談して決めることに何の問題も抵抗もなく話はすすんだのであった。もちろんその背景として、重夫の両親たちも、みちるの両親たちも、若い二人のやることに対する無条件の信頼をよせてくれていたというめぐまれた環境があったということを忘れてはなるまいと思う。

よく今でも多くの人たちから、「今なら夫婦別姓論議も公然と交わされているが、戦争直後の時期に、結婚後の姓をジャンケンで決めたなんて、ずいぶん進んでいたんですねえ」と言われる。しかし、私にしてみれば、「藤枝という姓とか家系とかが大事なのではなくて、重夫という人格や人権をもっている人間そのものが大事なんだし、そんなことは憲法論をまつまでもなくあたりまえのことだと思いますよ」と言いたいのである。

ほんとうに、人間にとって大切なことは、その人の肩書や学歴や、家系や社会的な地位などといったいわゆる「属性」(アトリビュート)ではなくて、人格そのものなのである。一九六三年八月二十八日、「私には夢がある」という名言を残したキング牧師が、ワシントン大行進の二十五万人を前にして、「私の幼い四人の子どもたちが皮膚の色によってではなく、その人格によって判断される日がいつか訪れることを」という演説が想起される。

晩年、みちるは、脚・腰の痛みに加え、アルツハイマー型老人性認知症に侵されはしたが、幸いにして二人そろって八十歳(傘寿)という人生の一つの節目をクリアするまで、結婚生活をエンジョイすることができた。思想的な意味においてはもちろんのこと、あらゆる面で二人の絆を不動のものにしてくれたのは、二人がともに敬愛した河上先生の存在と、先生が一九三七年に出獄後東京の家を引き払って京都へ引きあげるときに義父畑田朝治に贈られた「古机」――河上先生の膨大な著作の大半はこの机の上で執筆がなされた――との二つであった。河上肇『自叙伝』のなかに「畑田君の想ひ出」とある「畑田君」というのが義父畑田朝治のことである。「古机」については、のちに私たち二人の度重なる転居のことにふれるときに詳しく書く。

■戸澤鐵彦先生による名大への勧誘

新婚早々の一九四九年夏のことであった。旧内務省退職後、東大大学院で学んでいたあるとき、何のアポもなしに一人の紳士が大学の研究室へ私を訪ねてきた。その紳士は、おもむろに名刺を取り出して私に手渡した。見るとそれには「名古屋大学法経学部教授　戸澤鐵彦《とざわてつひこ》」とある。あとで調べてわかったのだが、その方は、知る人ぞ知る東大法学部の大先輩戸澤鐵彦先生だったのである。

戸澤先生いわく、「あなたが畑田さんですねえ。あなたは雑誌『改造』の編集部にネオ・ナチにかんする論文の草稿をお寄せになっていますよねえ。実はそれを読んだ鈴木安蔵くんから、僕のところへあなたのことを紹介してきたんですよ」と。

びっくりしたのは私であった。学生時代に執筆したあんな未熟な論稿を鈴木安蔵さんが読んでくれたということにも感動を覚えたが、それをすぐに新制大学のスタッフを集めるために努力をしていた戸澤先生が真正面から受け止めて、若造の私をわざわざ訪ねてくださったことにも深く恐縮したのであった。ちなみに私のネオナチに関する論文は、『改造』一九五三年二月号に掲載されている。

戸澤先生はそのとき、「東大には研究の自由がありますか？　名大は新しい大学だということもあって、図書館なんかも貧弱でとても東大にはかないませんが、研究の自由だけは一〇〇パーセント保障しますし、それにうかがうところによると、あなたは旧制八高のご出身だとか。だとすれば、名大はあなたの母校・母学という位置づけにもなるわけですし、ぜひ名大へ来ていただけませんか」と、名大への赴任の勧誘の弁をのべられた。

戸澤鐵彦先生

余りにも意外かつ急な話でもあり、新婚早々の私としては、妻みちるともよく相談しなければならないと思ったので、「ありがたい話ですが、あまりにも唐突な話ですし、しばらく考えさせていただけませんか」と、即答をさけ一応戸澤先生にはお引きとりを願った。

夕刻、帰宅した私は早速妻みちるに昼間の戸澤先生による名大への勧誘の話を伝え、二人でじっくり話し合った。私としては、軍隊生活や官僚生活にこりごりで、それらへの嫌悪感をいだいていた矢先でもあり、職場を選ぶとすれば大学はもっとも魅力的かつ理想的なところであるという考え方をもっていた。みちるもそれこそ河上先生の影響なのだろうが、学者生活には一種のあこがれのような気持ちをいだいていたとみえて、早速二人の意見は、「名古屋へ行くことにしよう」で一致した。そして、こういう話は早く手を打つにしくはなし、と思ったので、翌日、早速名古屋の戸澤先生に電話で応諾の返事をした。先生はとても喜ばれて、「住宅のことなどもできるだけ面倒をみますので、なるべく早く名古屋へ来てください」と言ってくださった。

　法経学部は、私の赴任直後、法学部と経済学部に分離され、私の正式の肩書は名大法学部助手であり、同学部の学部長はもちろん戸澤鐵彦先生ということになった。

戸澤先生は政治学者であり、当然、名大法学部でも「政治学」の講座を担当されていた。私は国際政治学専攻であったし、名大法学部では「国際政治史」の講座を担当した。助手から助教授に昇進したのは一九五四年のことであったが、私にもっとも近い研究分野では日本政治史専攻の信夫《しのぶ》清三郎《せいざぶろう》教授がいた。そんなわけで、私は戸澤先生から専門分野の研究生活での直接の指導を受けたわけではなかったが、先生から学んだことは、人生論や思想の分野もふくめあまりにも多岐にわたると同時に、言いつくせぬほど大きなものがあった。

私の著作の一つに一九八六年刊行の『時代を生きる』(ゆぴてる社)という本がある。そのなかの「恩師・先輩を偲んで」という章のなかで、河上肇、平野義太郎、米原昶《よねはらいたる》、柳田謙十郎、宮川実といった先学・先輩にあたる学者や政治家の名前とともに戸澤鐵彦先生の名をあげて、先生のことについて書いている。さらに、私が八十歳になったときに、全国の教え子や知人・友人たちが『感動あれば生涯青春』(みずほ出版)という三百六十余ページの「傘寿記念誌」を刊行して贈ってくれたが、そのなかにも、私の「二人の恩師にめぐまれて」というエッセイが収録されており、河上先生と戸澤先生のことにふれて書いている。

両先生とも、たまたま私の専攻する学問分野での恩師ではないのだが、学問的にも人間的にも、そして何よりも思想的に影響を受けたのが両先生であったということだけはまちがいなく断言できる。河上先生は、今は亡き畏友塩田庄兵衛さんの言ではないが、日本の社会科学者のなかで著作量ナンバーワンの学者であるが、逆に戸澤先生はそれこそ寡作の学者というべき人であった。しかし、その戸澤先生も、河上先生と同じく類稀《たぐいまれ》なる勉強家であり、努力家であった。とくに私が強く印象づけられているのは、外国のものでも、すべて翻訳ではなくて「原典によるべし」という主義を厳格に実践され、六十歳を過ぎてからロシア語を勉強してロシア語の原典にそくして研究をしておられたことである。若い人たちから「老いらくの赤」と揶揄《やゆ》されながら、マルクスやエンゲルスのものもすべてドイツ語の原典について研究しておられた姿が、私の眼に鮮やかに焼きついている。

そういう戸澤先生のもとで名大での生活を送ることができた幸せを思うたびに、先生についてのいくつかの忘れがたいエピソードが想起される。

私たち新婚早々の二人が名大へ赴任したときの月給は約八千円、家賃（間借り代）がちょうど半分の約四千円であった。生活が困窮を極め、みちるは古新聞で紙袋を作る内職をして家計を助けてくれたものであった。そんなあるとき、買い物の帰りにみちるが大学の近くの路上でばったり戸澤先生に出会った。そのとき、先生は、「奥さん！　生活が大変でしょう」と言いながら、ポケットからお札を取り出して、「これ僕が講演でもらった謝礼の一部ですが、生活の足しにしてください」と言って手渡してくださったというのである。みちるは、後々にいたるまで、折あるごとに感謝をこめて先生の細やかな心づかいの例としてそのことを口にしたものであった。

またこんなこともあった。私の病弱は幼少時から有名だったのだが、やはり名大に赴任してからも病気になって入院することがしばしばであった。まだ私が助手のときだったが、名大医学部の附属病院に入院していたときの話である。法学部長の戸澤先生が私の見舞いに病院へ来てくださったことがあった。先生は病院へ来て、内科病棟の廊下で出会った看護婦さんに、「この病棟に名大法学部の畑田重夫さんという人が入院しているはずだが、どこの部屋なんでしょうか？」と訊ねられたというのである。もちろん自分が法学部長の戸澤だということは一切言われなかった。だが、看護婦さんは、白髪で金ぶちの眼鏡をかけたイギリスのジェントルマンさながらのその紳士が、名大法学部長の戸澤先生であることに気づいたらしい。そこから「学部長さんが一助手の見舞いに来るなんて、医学部では到底考えられないことですよねえ。名大の法学部ってすごく民主的なんですね」と周りに言いふらしたとみえて、その話は、医学部内はもちろん名大の全学部にたちまちひろがった。真の民主主義者であり、人間味のある戸澤先生の一面を物語るエピソードである。

まだある。これは私が助教授時代のことだが、瀬戸物で有名な瀬戸市の青年団に招かれて講演をしたことがあった。法学部長の戸澤先生も単身赴任だったので、ときどき、大学の近くで何人かの教授や助教授たちと夕食をともにして雑談をすることがあった。あるとき、私がたまたま何気なしに、「先日瀬戸の青年団に招かれて講演をしたんですが、終わって帰るとき、責任者が、ポケットから汚れたクシャクシャのお札を出して、これでお釣りをくださいませんか、と言った」という話をしたときのことである。そのとき、戸澤先生は、即座に、「畑田くん！　その青年団の責任者の連絡先はわかりますか？」と訊ねられた。私は名刺をもらっていたので、電話番号と名前を先生に教えた。すると先生はすぐさま近くの電話機をとって相手にたいし、次のように言われた。

「私は名大の法学部長の戸澤という者だが、先日、うちの若い畑田という助教授に講演の謝礼を渡されたそうだが、裸のままでクシャクシャのお札を出して、これでお釣りをくれと言ったそうですねえ。たまたまうちの畑田くんだからまだよかったんだが、社会一般ではとても通じませんよ。言いづらいことだけど、君たちが大きくなって社会生活をするときのために一言忠告をしておきます」

こういうことを、教育的見地からズバッと言えるというのもさすがに戸澤先生だなあ、と訓《おし》えられることがあった。

これも私が助教授になってからのことだが、ある日の教授会での話である。いわゆる勤務評定（略して「勤評」）が、小・中学校の教師に対して実施されるというので、社会的に大問題になったことがあった。ちょうど、大学の教授や助教授にも文部省が勤務評定をするとかしないとかが問題になりかけたときのことである。教授会では、学部長が議長というか座長役をすることになっていたのだが、あるとき、戸澤先生はいきなり顔色を変えて、誰に向かってというのでもなく、次のように発言をされたのであった。

「文部省の役人どもに憲法の教授や民法の教授たちの勤務評定がどうしてできるというんだ！とんでもないことだ」

それはそれはものすごい剣幕で血相を変えて言われたのであった。同席していた教授、助教授の面々はそれを聞いてすっかり面くらったほどであった。真の民主主義者戸澤先生の、国家権力に対する毅然たる姿の面目躍如という光景を目の当たりにした一件であった。

まだある。当時の日本は、米軍の占領下にあった。あるとき、名大法学部の学生が街頭で占領軍を批判するビラをまき、それが米軍当局者の眼にとまり、学生たちが現行犯で逮捕されたことがあった。いわゆる「大津橋事件」である。

米側は、名大法学部長の戸澤先生のところへ電話をよこして出頭を要請した。先生はすぐ指定された場所へ行かれた。米軍当局者は、「あなたの学部の学生たちが不当なビラをまいた。もし、あなたがこの学生たちと同じように若かったならば、あなたも同じようなことをしますか」と英語で尋ねた。先生は即座に、「イエス・アイ・ドウ」ときれいな英語で答えられたという。そしてその声が、隣室で軟禁されていた学生たちに聞こえたというのである。間もなく学生たちは釈放されたが、名大法学部では、その後もずっと戸澤先生と言えば「イエス・アイ・ドウ」が語り草となったのであった。

学生たちにとっては何と頼もしい学部長であることか、と映ったにちがいない。先生はすでに民族自決権の思想はもとより、言論、思想、表現の自由をふくむいわゆる基本的人権や民主主義を単なる知識としてではなく、思想としてしっかり身につけておられたのであろう。

5　一九五〇年代、憲法と安保の間で

■米ソ「冷戦」の始まりと憲法

一九四九年十月に名古屋大学法学部の助手として赴任してからの数年間は、「憲法人生」を歩む私にとって、内外ともに極めて重大な意義をもつ事件の続出によって特徴づけられた。いわゆる米ソ「冷戦」が、両国の核開発競争の激化とＮＡＴＯ（北大西洋条約機構）とＷＴＯ（ワルシャワ条約機構）という軍事同盟の対立によって、「熱い」戦争に転化しかねないという危惧を抱かせていた。

五〇年三月、世界平和擁護大会常任委員会（世界平和評議会の前身）が、「ストックホルム・アピール」と言って、核兵器の禁止を世界に呼びかけた国際的な署名運動が開始された。当時大学の助手という身分であったが、私は名古屋の平和運動活動家たちと力を合わせてこの署名運動に若い情熱を傾けて全力でとりくんだ。

「ストックホルム・アピール」には、ごく短期間で全世界で五億、日本で六百五十万の署名数が集計された。後述のように当時、朝鮮戦争で核兵器を使う用意があると言明していたアメリカのトルーマン大統領に使用を思いとどまらせたのみならず、その後も米ソ両大国をふくむあらゆる核保有国に対し、戦争において公然と核兵器を使用することを許さないだけの、道義的にも政治的にも大きな力を持っていたと言われている。

青年学生時代に深刻な戦争体験をもち、また徹底した平和主義を特徴とする日本国憲法をもつ日本国民の一人でもある私としては、「冷戦」が「熱戦」に転化することだけはどんなことをしても避けなければならないという思いに駆られていた。

ところが不幸にも、その年の六月二十五日、熱い戦いが朝鮮半島で始まった。当初は、北朝鮮の金日成による南朝鮮武力解放政策によって起きた内戦であった。それが国連安保理事会（ソ連欠席）でとりあげられ、米軍を中心とする「国連軍」派遣によって、国際的な戦争となった。

米軍は、原爆の使用まで計画したが、北朝鮮軍と中国人民解放軍の抵抗にあい、戦況は二転三転、シーソーゲームのような状態をくり返した後に、ほぼ三十八度線で膠着《こうちゃく》した。その間各国人民の朝鮮戦争反対運動の高まりもあり、五三年七月二十七日、休戦協定が調印された。しかし、いまだに「平和条約」は締結されていないため、朝鮮半島での緊張状態が続いている。

この朝鮮戦争のさなか、名大法学部では、政治史の信夫清三郎教授がそのゼミナールで、朝鮮戦争そのものを研究対象としていたので、助手の私も信夫ゼミの学生たちとともに「現に展開中

の朝鮮戦争」の分析に力を注いだ。（＊2）

（＊2）最新の研究成果によると、朝鮮戦争はスターリンの主導で武力「南進」計画が準備され、戦争勃発時にソ連が国連安保理に欠席したのは、アメリカを朝鮮戦争に引き出すためであった。その目的は、朝鮮戦争によってアメリカの関心と軍事戦略の重点をヨーロッパから極東に移す「第二戦線」構想の具体化として引き起こされたことが明らかになっている。詳しくは不破哲三『スターリン秘史　巨悪の成立と展開』第6巻（新日本出版社、二〇一六年三月刊）参照。

私自身は、国際政治学上、「戦争」論に深い関心を抱いていたこともあって、第二次世界大戦が終わって間もないのに、「また戦争なのか」という気持ちを抑えることができず、あらゆる方面から「朝鮮戦争」を告発することにエネルギーを割いたものであった。

当時の日本はアメリカの占領下におかれていたが、アメリカの朝鮮戦争への介入とともに、日本はアメリカ軍の前進基地とされ、国民は軍事的な抑圧と規制にさらされた。デモや集会は、一時、全国的に禁止され、占領軍とその政策への批判は「占領政策違反」の名で、軍事裁判をふくめ、きびしい弾圧をうけた。

そして五〇年六月に、マッカーサー連合軍司令官による突然の日本共産党中央委員の公職追放、さらに七月には憲法九条に違反した軍事組織である警察予備隊創設（その後保安隊をへて自衛隊と呼称が変わる）も、すべて朝鮮戦争中のことであった。「朝鮮特需」という名の、事実上の日本の軍需産業の再開も朝鮮戦争を契機としていた。

なにより注目すべきは、五一年九月のサンフランシスコ講和会議によって、対日平和条約が締結されたのだが、それと同じ日に日米安保条約（旧）、日米行政協定（講和発効まで未発表）締結がされたのであった。

旺盛な研究心を燃やしていた若い私にとって、眼前で展開される「戦争」に追随して起こされる諸現象は、嫌が上でも研究意欲を刺激してやまないのであった。その後今日まで、「諸悪の根源・日米安保」と言いつつ、憲法体制と安保体制との矛盾に焦点を当てた問題意識を持ち続けているのも、すべて名大助手時代の研究生活と切り離しては考えることができないと言っていいだろう。

■助教授時代にラジオで解説者

私が助手から助教授に昇進したのは一九五四年のことであった。サンフランシスコ講和条約と全五カ条からなる（旧）日米安保条約下の時代だったのだが、私の助教授昇進が地元の新聞に報じられた直後のある日、それこそアポもなしに私の研究室を一人の外国人がたずねてきた。会ってみると、彼は、名古屋市内にある「アメリカ文化センター」の館長である。

彼いわく「助教授へのご昇進おめでとうございます。そこで早速のお願いなのですが、私どもがもっているテーマでご研究をしていただけませんか。もし、おひきうけくださるならば、研究費はいくらでも出しますが……」と。

瞬間、私の直感が働いた。私は、彼らのもっているテーマが何であるかを尋ねるまでもなく即座にその申し出を拒否し、直ちに私の部屋から退出してもらった。アメリカのＣＩＡ（中央情報局）がさまざまな方法で日本の学者・研究者を思想的に手なずけようと暗躍していたことを私なりに承知していたからよかったのだが、もし、アメリカの対日政策に盲目的な日本の学者・研究者なら、「研究費を出します」という申し出にはさぞかし弱いんだろうなあ、と思ったことであった。

六〇年安保闘争のあとだが、いわゆる「ケネディ・ライシャワー路線」と言って、公然と日本の学者・研究者、評論家、労組幹部らに対して、アメリカへの招待による思想工作がおこなわれたことはひろく知られていたことである。もし、あの時、私がアメリカ文化センターの申し出を受けいれておれば、今の私はありえないし、恐らく、別荘でももっているようなゆとりのある生活をエンジョイしているかも知れない、などと回想することがときどきある。

これも今から考えると冷や汗ものなのだが、一九五七年に創設された日本国際政治学会創設の仕事に、全国の主要大学の国際政治学や外交史、国際法関係の教授たちと一緒にまだ三十歳代の若い私がたずさわり、同学会の機関誌の創刊号に、「世界平和運動の発展」という論文を書いたりしている。同誌に執筆しているのは例外なく各大学の有名な教授たちばかりである。今にして思うことなのだが、名大法学部そのものも戸澤学部長のもと新しい伝統をつくろうと意欲に燃えていたし、私自身も、そこでの国際政治史の講座担当者としての一定の気負いもあったにちがいない。おしとどめることができないような研究意欲満々ということだったにちがいない。それこそ、戸澤先生の口ぐせだった「一〇〇パーセント保障された研究の自由」を目一杯謳歌《おうか》していた時期だったのである。

私は名大法学部の紀要『法政論集』にも、その当時、国際政治学という新しい学問の体系化を中心に何本かの論文を書いているが、いわばこの分野でのパイオニア精神にみちみちていた時代だったといってもよい。そういうアカデミズムでの仕事と並行して、民主主義科学者協会（略称「民科」）の運動にも、憲法学の長谷川正安さんらとともに情熱とエネルギーを注いだことも忘れがたい。そのころ、大阪では今も健在な経済学の林直道さんが、民科の中心的な働き手として活躍していたことがなつかしく想起される。

私はまた一九五〇年代の後半の約二年間——六〇年安保闘争の前段の時期、民放のラジオでレギュラーのニュース解説者をつとめた経験をもっている。まだテレビが十分に普及していないラジオ時代の話なのだが、私が名古屋にいる時にはＣＢＣで、東京の自宅へ帰っている時にはＴＢ

Sで、それぞれ夕方に「今日の動き」について約十五分間の録音をし、当日の深夜十一時半ごろに放送されるという仕組みになっていた。レギュラーだったから、私が月曜日、藤原弘達氏（故人・当時明治大学教授）が火曜日と担当の曜日が決まっていた。東京在住の藤原氏は、週末になると名古屋の私のところへ電話をよこして、「畑田さん！　来週は何をしゃべるの？」といって問い合わせをしてきたものだった。おそらく、内容のダブりをなるべく避けたいとの思いだったのだろう。

私はそのころから戦後のアメリカの対日政策に非常に大きな関心をもっていたので、日米安保条約（旧）の批判的解説とか、日本列島各地の基地闘争などを中心とする解説に力を入れたものであった。それがどうも日米両政府や日本の財界をはじめとする保守政党には気に入らなかったとみえて、私と放送局との間の契約は丸二年で解約となった。あとで、放送局の労組の幹部や活動家たちからの情報でわかったことだが、私の解説内容については権力側が特別にマークしており、目立たない形で放送局への圧力がかかっていたとのことであった。

二十一世紀の今日にいたるまで、私は、ラジオ、テレビ、新聞などすべてのメディアから完全に締め出しをくらっているが、これこそ私が名大助教授時代にアメリカ文化センターの要請を拒否したり、ラジオでの対米批判の色合いのつよいニュース解説をしたり、日米安保条約を土台とするいわゆる日米安保体制を批判的に論ずる啓蒙書などを数多く刊行してきたことが基因しているのにちがいないと思っている。

沖縄の本土復帰前のことなのだが、私にだけは絶対に沖縄への「渡航証明書」（いわゆるパスポート）を発行できないということがあって、当時の衆議院議員瀬長亀次郎さんが、前後六回にわたって在日米大使館と日本の外務省へ足を運んでくださって、やっと復帰直前の一九七一年の末にしぶしぶ「証明書」を発行したという経緯もあった。その「証明書」は、つい先年オープンした沖縄・那覇市内の瀬長亀次郎さんが残した膨大な資料を展示する「不屈館」に収められ閲覧に供せられている。

名大法学部における私の担当講義は「国際政治史」であった。そこでは「戦間期」（第一次世界大戦と第二次世界大戦の間の時期）以降第二次世界大戦終結時までの概史についての講義をおこなったのだが、それと並行していわゆる「畑田ゼミ」では、レーニンの「帝国主義論」をテキストとして若い学生諸君とともに学び合ったのであった。その「畑田ゼミ」所属の学生のなかには、元ＮＨＫディレクター（元愛知東邦大学教授）の戸崎賢二くん（『ＮＨＫが危ない！』〈あけび書房〉という共著書もある）がいた。

ただ名大法学部の学生諸君には、軍隊時代の陸軍病院での外科手術の失敗の後遺症のゆえもあって体調がすぐれない私であったがために、「休講」にせざるをえないこともしばしばで、ずいぶん迷惑をかけたことを今もって申しわけなかったという気持ちが強い。

■名大の雰囲気と学風について

私が在籍していたのは名大法学部であった。東京で「メイダイ」と言えばもちろん明治大学のことをいうのだが、名古屋を中心とする東海地方では、「メイダイ」と言えばもちろん名古屋大学を略して名大ということになっている。

戦前にも旧制高校時代に父親の勤務先の関係で名古屋に居住した経験があるのだが、戦後名大の助手として東京から名古屋へ転居してあらためて感じたことは、名古屋は東京に比べて保守的というべきか、とにかくおくれているなあ、ということであった。中京と言えば、年輩の人は、中京商業という甲子園野球での名門校を連想すると聞いていたが、中の京と言って、たしかに東の東京、西の大阪のちょうど中間に位置するまちである。私が名大へ初めて赴任したころ、東京や大阪には革新系の国会議員が何人かいたが、名古屋はまだゼロであった。そのうちに加藤進さんが衆議院議員に当選したのが大きな話題になったのを記憶しているのだが……。

それよりも象徴的なのは、名古屋では中日新聞の読者数、すなわち発行部数が圧倒的に多く、同紙はいわゆるブロック紙として愛知県のみならず東海四県にわたって購読者をもっている。私が名大へ赴任したころ、名大の各学部の教授たちはいくつかの地域にまとまって住んでいた。そして、ほとんどが朝日新聞を購読していたわけだが、地元の人びとは、「あそこは朝日部落だ」

という言い方で、アカの人たちが住んでいる地域だという見方、言い方がひろがっていたのを鮮明に記憶している。愛知県には、その当時もまだ「尾張」と「三河」という暗黙の封建的な対立意識が濃厚に残っていたものである。

ところが、二十一世紀の今日ではどうだろう。中日新聞は、おくれているどころか、その社説たるや、「東京新聞」ともども日刊の商業紙のなかではもっとも進歩的・革新的であるという評判が高いし、名古屋は名大ならずとも新時代の先端をゆく大都市のひとつとなりつつある。

名大が有名だというのは、何といってもノーベル物理学賞や化学賞の受賞者が非常に多いということだろう。一昨年（二〇一四年）十月ごろの各紙には、「名大」「ノーベル賞」「ラッシュ」という活字が非常に多く目についたものである。とにかく、二十一世紀になってからのノーベル賞を受賞した十三人のうち名大関係者は六人で、まさにその半数近くを占めているわけだから、名大が注目を浴びるのは当然のことである。

名古屋大学と言えば、旧帝国大学の中でもっとも遅く、一九三九年に医学部と理工学部だけで発足したもっとも新しく若い旧帝国大学系の国立総合大学である。戦後、学部の増設などに伴い、全国の大学から若い進歩的・革新的な希望に燃える研究者が続々と名大へ集ってきた。数えてみると、私が関係した法学部でも、戸澤先生の努力もあったのだが、若い研究者が多数集まってきた。一橋大学から憲法の長谷川正安さん、東大の社研からやはり憲法や行政学を専攻していた奥平康弘さんらが、というふうに。文学部でもヘーゲル研究で有名な哲学の真下信一さんやフランス文学の新村猛さんらが京都から名大へ、社会学の本田喜代治さんらも東京から名大へ、教育学部では後に革新系の名古屋市長となった本山政雄さんらが三重から名大へというふうに一つの流れが形成されていた。しかし、何といってもその典型は名大の理学部であった。物理学（素粒子論）の坂田昌一さんや野依良治さんらが京大から名大へというように、それぞれ新しい学風や伝統をつくろうという夢をいだきつつ名古屋に移ってきたのであった。

戸澤先生を中心とする名大法学部の進歩的学風についてはすでに詳しく述べたが、実はその法学部をふくめて総合大学である名大全体の進歩的・民主的学風の源流は、まちがいなく理学部にあるということを見逃してはなるまい。なかでも坂田昌一教授の存在感と貢献度が絶大であることだけは、まちがいなく言えることだろうと思っている。

坂田教室と私の畑田教室は、学部の壁をこえて何回となく合同の研究討論会をもったことがある。その時のことで私が忘れることができないのは、自然科学者である坂田さんが、社会科学者であるわれわれ畑田教室のメンバーとまったく対等に「当面する内外情勢」などに関して討論をしていたことに、私は終始感服し放しだったということである。エンゲルスの『自然の弁証法』についてはもちろんだが、マルクスの『資本論』も読んでいるにちがいないとさえ思ったものであった。その理学部の坂田教室には「教室チャーター」（教室憲章）というものがあった。

その核心は何か。一口で言えば、次のようなことである。科学的な真理の前には、すべてが平等である。したがって、そこでは、教授も、助教授も、講師も、助手も、そんな区分は一切無関係で、みんなひとしく対等・平等の研究者なのだ、ということである。法学部長の戸澤先生が助手であった私のところへ病気見舞いにきてくださったというのも、理学部と同質の民主主義的な学風というか、考え方が法学部にも定着していたと言ってもまちがいではなかろう。

二〇一四年度のノーベル賞の受賞者に、やはり名古屋大学大学院工学研究科の若い天野浩教授（受賞時五十四歳）がいる。今私が住んでいる静岡県の出身（浜松市）であるが、受賞の報《しら》せを出張先のフランスで初めてきいたのだが、帰国して名大の研究室へ顔を出した時、教え子である学生たち約二十人が、「ひろし君おめでとう！」といって拍手で出迎えたという。学生が先生をくん付けで呼ぶあたり、坂田教室の「憲章」の精神が今も脈々と引き継がれていることを物語る話である。

■平和委員会や労働者・組合との交流

六〇年安保闘争の前段階にあたる時期のことであった。それは名大へ赴任して間もない助手時代のことであった。

一九五〇年代半ばのある日、日本政治史担当の信夫清三郎教授から、「畑田くん！　ちょっと僕の部屋へ来てくれませんか」という電話があった。出かけると、同教授は「僕、国鉄労働組合から講義の依頼をうけているんだけど、その日がちょうど都合が悪くなって困っているんだよ。君、悪いけれど代わりに行ってくれないか」と言うのである。

私は助手として終日自分の研究室で国際政治学の勉強に専念していたさなかで、老教授たちのように教育的な仕事も学内の大学行政にかかわる仕事もあるはずはないし、同教授の依頼を断わる理由は何もないので、即座に応諾したのであった。今から考えると、若僧のくせに、よくも図々しく引き受けたものだと思うのだが……。

信夫教授が引き受けていた日時どおり、私は国労名古屋地方本部の教宣部長の指示に従って約一時間半の講義をした。相手は恐らく「若い先生だなあ」と思ったにちがいないが、労働者たちからすれば、講師が大学の教授だろうが、助手だろうが、とにかく「名大の先生」だというだけで、それ以外の肩書きは一切関係ないはずである。

私は大任を果たしたと思ってホッとしていたのだが、それからしばらくしてまた信夫教授から助手室の私に電話がかかってきた。「畑田くん！　先日は僕の代わりに国労へ行ってくれてありがとう。だがねえ、国労の担当者からの電話によると、講義を聴いた労働者たちが『このあいだの若い先生の話はとてもむずかしくて全然わからなかった』と言っているらしいんだよ。一応、君の今後のためにもありのままに伝えておくだけなんだがねえ。まあ、これも経験だからねえ」。

それを聴いてショックを受けた私は深刻に考えざるをえなかった。せっかく、社会科学の勉強をしていても、その研究の成果の一端を労働者に伝えることの大切さを承知していただけに、しばし落ち込んだというか、考えこまざるをえなかった。

当時は、今のようにレジュメを用意するというならわしもなかったし、また、録音テープもない時代だったので、その時私がどんなテーマで何を中心にしゃべったのかはさだかではない。だが恐らく、私は、聴いてくれる相手の気分とか要求とか、あるいは問題関心のことなどは一切お構いなしに、自分の知っていることを一杯しゃべり、外国語をふくめ、むずかしい学術用語をそのまま使ってしゃべったにちがいない。反省することしきりであった。そのなかで、ふと思いついたのは、では一度国鉄の労働者たちは毎日どんなところで、どんな条件で、どんな仕事をしているのかを直に聴いてみようということであった。

私は、夕方の時間帯、つまり労働者たちが日勤の仕事を終えて帰宅するころを選んで、二回、三回と、国鉄名古屋駅（今のJR名古屋駅）前に立って、駅舎の方から出てくる人びとの群のなかで労働者らしくみえる人たちに、「失礼ですが国鉄にお勤めの方ですか？」と何度となく声をかけたのであった。来る日も来る日も、そしてまた声をかけた何人かの人たちからも「ええ？ ちがうよ！」と不愛想な返事を聴かされることがほとんどであった。

あきらめることなく、私の「国鉄労働者さがし」の努力が続いた。ついにある日、一人の国鉄で働いているという若者と出会うことができた。「私は、先日皆さんの労働組合へ講義に行った名大法学部の者なんですが、どうも私の話がむずかしかったという感想を耳にしたんです。それでぜひ国鉄で実際に働いていらっしゃる人たちの話をよく聴いてみたいんです。一日のお仕事でお疲れのところ申しわけないんですが、ちょっと私の相手をしていただけないでしょうか」と言いながら、近くの喫茶店でその労働者からいろいろとくわしい話を聴くことができた。幸いなことに、彼は中央線に乗務する機関助士であることがわかった。彼は、「そんなに僕たちのことをお知りになりたいのなら、次の僕の乗務の日を教えますので『添乗』をされませんか」とさそってくれたのだった。「これはしめた」と思ったのは私である。

名古屋から、多治見、恵那、中津川を経て長野県方面へ走る中央線というのはトンネルが多いことでも知られている。しかも、当時はまだ電化されていなくて、いわゆる蒸気機関車の時代だった。その労働者は、「トンネルに入ると、客車に乗っている一般の乗客は窓を閉めるから大丈夫なんですが、僕らのような機関助士のいるところは吹きさらしですから、慣れない人は煤煙にむせて気分が悪くなることがあります。ですからぜひぬれタオルを一枚準備のうえ添乗してほしいんです」と親切に注意をしてくれた。

私は指示された日時にタオル一枚を用意して、その労働者の職場である機関助士席に添乗させてもらった。ところが、何と私は予想どおりアウトである。トンネルへ入ったとたんに、呼吸困難になり気分が悪くなったのである。我慢できなくなった私は、「もうダメです。どこかで私を降ろしていただくわけにはいきませんか?」と懇請した。列車は、親切にも中間駅で臨時停車をしてくれ、私だけを降ろして汽笛を鳴らして進行して行ったのである。その時の私のショックたるや、まさに「失意のどん底」だった。軽々しく、「労働者」という言葉は使えないなあ、という思いにかられたし、毎日、ここを職場として働いている労働者が偉大な存在にみえてしかたがなかった。その瞬間を契機に、単に国鉄に限ることなくあらゆる産業分野で働いている労働者たちに対する見方が一変することになるのであった。

この体験は私にとってあまりにも貴重であり、それを契機に、ひとり労働者や労働組合のみならず、平和委員会をはじめとする市民・住民のあらゆる民主的な団体や運動とのむすびつきも始まるのであった。

平和運動では、愛知県平和委員会の創設当時の運動にかかわり、地域の杁中《いりなか》・八事《やごと》平和懇談会を中心とする草の根の平和運動に力を入れたり、労働運動では主として東海四県（愛知・三重・岐阜・静岡）の国鉄、私鉄、繊維、紡績、造船、金融、電通、全逓、専売（どれも当時の呼称）、市職・町村職、教組、全損保などなどとの接触がひろがってゆくのであった。とりわけ、労働者・労働組合の学習活動への協力にはかなりのエネルギーを注いだものであった。民主主義文学会の作家であった佐藤貴美子さん（故人）も、名古屋の電通の組合員であったころ、私の講義に耳を傾けてくれた一人であり、女性労働者、日本の労働者階級の一員としての自覚を深めてくれたのであった。

一九五〇年代半ばの近江絹糸の人権闘争とその後の繊維労働者たちの学習運動と私との結びつきについては、山本洋子監督の映画『明日へ紡ぎつづけて』（最近DVDも完成）や、『「女工哀史」をぬりかえた織姫たち』（あいち「青春の日々」刊行委員会編）という刊行物によってくわしく知っていただけると思う。

一つだけ、六〇年安保闘争当時の忘れがたいエピソードを紹介しておきたいと思う。

私が国際政治史の講義のため教室へ行った時、教室には誰一人学生がいない。講義の日時をまちがえたのかな、と思って、予定の書きこんである手帳を見たのだが、日も時間もまちがってはいない。変だなあ、と思いながらふと黒板を見ると、すみっこの方に「本日の講義、楽しみにしていましたが、安保改定反対の統一行動に参加するため全員テレビ塔前へ出かけます。あしからず。ではまた来週よろしく！（学生代表）」と書いてあるではないか。誰もいない教室で講義をするのはナンセンスだというわけで、私もテレビ塔前の広場へ馳せ参じて、学生たちといっしょに市民集会とデモに参加したのであった。

6　一九六二年の転機、名古屋から東京へ

■名大と名古屋との別れ

一九六二年――この転機は、私が三十八歳、妻みちるが三十六歳の時であった。時あたかも六〇年安保闘争の余韻がさめやらぬころであった。

六〇年安保闘争の時期をふくむ私の在名十三年間は、軍隊時代とも、官僚生活時代ともちがって快適そのものであり、学問研究のうえでも、社会的実践活動のうえでもいたって満足のゆく期間であった。それは、家庭的に考えてみても、今は亡き妻みちるも私と同じように多くのよい想い出を共有することができた十三年間であった。

にもかかわらず、私たち夫婦が一九六二年四月、なぜ名古屋に別れを告げて自宅のある東京へ引きあげることになったのか。

私は、自身のわがままというのだろうか、たえず一〇〇パーセント自分の納得のゆく生き方でないと満足できない性分の人間である。というのは、地位とか、肩書きとか、社会的名誉とかに

は全く魅力を感じず、人間として自分に満足のゆく「一筋の道」を生きぬき、貫きとおしたいという気持ちが非常に強い人間だと自己分析をしている。

新婚のカップルには、「結婚おめでとう。まずは家庭に団結のとりでを築きたまえ」という言葉を色紙に書いて贈ったり、祝電を打ったりしてきた私のことだから、自分の信念を貫こうとする時には、長い時間をかけて妻と話し合い、合意に達するまでねばりづよく説得に努め、理解を求め続けてきた。右の言葉の背景には、家庭における団結さえかちとることができないで、どうして広範な人びとに団結とか統一とか連帯を訴える資格があるというのか、という私なりのきびしい問いかけがある。

一九六二年の新春のことであった。私は妻みちると完全合意のうえで名古屋大学法学部長宛に依願退職の申し出をした。その時には、私たちを東京から名古屋へ招いてくださった戸澤鐵彦先生は法学部長でもなく、すでに定年退職をして藤沢の自宅に帰っておられた。私の退職願いの提出は、戸澤先生のあとを追って名大を去るんだ、というような、そんな単純な理由によるものではない。

ではなぜこの時期に退職を申し出たのか？　教授への昇進の時期を前にしてなぜ今辞めるのか、という名大法学部内の声もあった。

実は、私の退職願いの提出までには、われわれ夫婦の間で長い時間をかけての話し合いがあったのである。退職願い提出という結論に達したことに関してはいくつかの要因や理由が重なっていた。主なものはつぎの三つにしぼることができるのではないかと思っている。

第一は、名大は国立大学であるため、〝文部教官〟という身分からくる眼に見えない不自由さというか、堅苦しさというか、そういう〝拘束感〟から完全に解放されたいという私の年来の願いがあって、それが我慢の限界点にまできていたということであった。退職願いを提出する一年前の一九六一年には、名古屋にいながら、すでに東京にある労働者教育協会の常任理事に就任していたという事情も、その気持ちに拍車をかけていたのかも知れない。

第二には、何と言っても私の健康状態である。軍隊時代の軍医による手術の失敗からくる肛門の持病があるため、人には言えないだけでなく、幼少時代から有名な虚弱体質のゆえに、大学の助手時代にも、助教授に昇進して講義やゼミを担当するようになっても、病院通いや入退院をくり返す状態で、休講の回数も少なくなく、学生諸君に申しわけないという気持ちがたえずつきまとって離れなかった。早く、講義などの義務から解放されて、東京の肛門専門医にかかり、〝脱肛〟という名の持病の本格的な克服にとりかかりたいという気持ちが非常に強かったのである。これについては、私たちの今後の生活のことや、私の健康のことを心底心配してくれていた妻の方が、私よりはるかに深刻に考えていたのではないかと思っている。

第三には、私自身の自分の思想に忠実に生きぬきたいという気持ちが、ちょうど官僚生活に決別を告げた時と同じような域に達していたということである。というのは、すでに書いたように、名大在職中に、ともに学び、ともにたたかった東海地方の労働者――私は労働者や労働組合の学習活動の手伝いをし、妻は主として繊維や紡績の女性労働者相手に茶道（表千家）の教授をつとめるなかで、労働者階級のすぐれた資質の数々、たとえば団結性、統一性、連帯性、持続性などにふれる機会が多くあったと同時に、われわれ夫婦のもつ小市民的な思想への反省を迫られることがしばしばあった。われわれ夫婦は、長い間の話し合いのすえ、結局、つぎのような結論に到達したのであった。

「大学の先生はこの世の中に多数存在する。しかし、大学に行きたくても家庭の財政事情で大学へ行けない労働者がたくさんいる。こういう多数の労働者とともに学び、ともにたたかう道を選択するのも一つの道ではないのか」

それほど、われわれ夫婦にとって、労働者階級の資質には吸引力があったのである。

■名大生と労働者への惜別の辞

私の名大退職のニュースは、単に法学部の学生諸君のみならず、総合大学である名大の全学部の学生諸君の間でたちまちその波紋をひろげることになった。

私は、日ごろから長年にわたって、名大の学生諸君が全学的な視点に立って編集し発行していた「名古屋大学新聞」（略称「名大新聞」）に原稿執筆という形でのサービスや協力・助言を惜しまなかった。そういうこともあったからなのだろうが、一九六二年五月四日付の名大新聞には、異例も異例、ほとんど全紙面を使って、私の長文の拙稿――「春を呼ぶ準備を――大学を去って労働者と人民のなかへ――」が掲載された。その全文は、拙著『新安保体制論』（一九六六年七月、青木書店）のなかに、序章として収録されている。

この著書自体に対する私の言葉としては、「太平洋戦争で若い生命を絶ったわたくしたちの旧友たちと、ここ数年間、安保体制廃棄をめざしてともにたたかってきたすべての労働者と学生諸君におくる」と記している。名大新聞に掲載された「お別れの言葉」のなかでは、たとえばつぎのようなことを書いている。

「わたくしたちの学生時代（旧制高校時代）のように、『自由の鐘のなる丘』のうえで庶民の生活をひくく見ながら抽象的な議論を楽しむのではなくて、現代日本の学生たちは、組織化された運動をもつことにより完全に統一戦線の一翼としての評価をかちえている。わたくしの名大十三年間の想い出のうちもっとも美しい部類に属するものも、そういう統一戦線への自覚をつよめつつあった学生諸君をふくむ日本人民のなかで形成された」

「この十三年間に、わたくしは三回重い病気にたおれ、二回入院を余儀なくされた。そんな時、心から見舞いにきてくれ、看病などあらゆる面倒を見てくれたのが、例外なくともに学んだ労働者と学生たちであったことは美しい想い出の一つである。……人民のなかでも、もっとも純粋なエネルギーにみち、もっとも組織的な行動力をもつ二つの至宝――労働者と学生――によって支えられ励まされ、キメ細かな友情につつまれたわたくしは、何としあわせな存在であったことか」

「昨日も、別れを惜しむ学生諸君に対し、学問的にも、人間的にもいたらなかったわたくしの反省をこめて、つぎの河上肇の言葉を色紙に書いて贈ったことであった。『真理はいつまでも待っている。われわれが到達するまで。わたくしはいつでも人びとのいちばんあとから真理にゆきついた』と」

■涙した大規模な全市的な送別会

一九六二年の春のことであった。私と妻みちるの二人に対し、名古屋市を中心とする東海地方の労働者と学生・市民は、名古屋市公会堂で送別集会を開催してくれた。果たして私たち二人は、そんなにまでしてもらえるような貢献をしてきただろうかと、自らも判断に苦しむような、それはそれは念入りの準備も万端ほどこされたスケールの大きな大送別会であった。伝えられるところによると、三千五百人による大送別集会で、会場にあてられた名古屋市公会堂開設以来最大規模の集まりだったとか。何か、伝説的とも言えるような話題として今も語り草になっているという。とにかくたくさんの花束や贈り物をもらった私たち二人は、終始面はゆい思いでひな壇に座っていた。妻みちるは、ハンカチをとり出してしばしば涙をぬぐっていた。

考えてみれば、名大法学部の教官として、単に学生諸君だけでなく、われわれ二人が国鉄や繊維・紡績の労働者をはじめとして、民間や国家・地方の公務員労働者などの区別なくあらゆる産業部門の労働者、労働組合とともに学び、ともにたたかったことは事実であった。しかし、それにしても、こんなに手厚く、義理がたく豪華極まる送別会を催してくれるとは！　たとえ名大と名古屋を去って東京へ引きあげるにしても、われわれ二人は、生きているかぎり、労働者階級に属する仲間たちや学生たちとともに、平和と民主主義と社会進歩に貢献しつづけることを宿命づけられるような送別会であった。今は亡き妻みちるの「労働者の人たちは油くさく、汗くさいかも知れないけど、ほんとに水くさくないのねえ」というわが家で長い間語られてきた「みちる語録」が生まれたのも、その送別会のあった夜、二人きりになった時であった。

■生まれて初めての海外旅行

愛知県の平和委員会は、私が名大を退職することが決まるかなり前から、一九六二年七月にモスクワで開催されることになっていた「全般的軍縮と平和のための世界大会」に、全国税労組東海地連副委員長・愛知県国公共闘会議議長・愛知県平和委員会副会長の毛受典英《めんじゅのりひで》さん（当時三十五歳）と私との二人を愛知県代表として送ることを決めていた。時に私は三十八歳で、代表団に正式に登録されていた名簿による私の肩書きは、すでに名大法学部助教授ではなく、日本朝鮮研究所理事、労働者教育協会常任理事、日本国際政治学会幹事、愛知県平和委員会常任理事、原水爆禁止日本協議会専門委員となっていた（以上はいずれも一九六三年三月『全般的軍縮と平和の諸問題――モスクワ世界大会の記録』日本評論新社版による）。

この大会に日本代表団の一員として私が名を連ねたということは、愛知県の反核・平和運動とその組織による私への栄誉の贈りものだと思っている。感謝・感激・感動の三感の極みであった。

一九六二年と言えば、六〇年安保闘争の余韻がまださめやらぬ時期であり、日本人民の平和と民主主義を求めるたたかいが国際的にも尊敬の眼をもって注目を集めていたころであった。

事実、世界平和評議会代表委員会議長（当時）のジョン・D・バナールは、右にあげた日本の『モスクワ世界大会の記録』（日本評論新社版）への序文のなかでつぎのようにのべていた。

「日本の平和運動が、一九六二年七月九日から十四日までモスクワで開催された『全般的軍縮と平和のための世界大会』にかんする本を世界で最初に出版するということは、心から喜ばしいことであります。もっとも、日本の平和運動は、全体として、世界の中で最大の、もっとも活動的な、もっとも統一された運動の一つですから、このことは期待できないことではなかったのですが」

この世界大会には、全世界から総計百二十二カ国、二十二団体から千九百二十六人（内女性が三百一人）が参加した。たしかに、日本は、イギリスの百人についで八十六人という全世界で二番目に多い代表をモスクワへ送ったのであった。事務局員やオブザーバーを入れると百八人の日本代表団ということになった。

日本代表団の代表格は二人で、一人は平野義太郎さんでもう一人は安井郁《かおる》さんであった。日本の代表団のなかには、中央ではもとより各都道府県における指導的かつ著名な平和活動家がほとんどすべて網羅されていたと言ってもよいであろう。日本婦団連会長の櫛田ふきさん、婦人民主クラブ副委員長の石井あや子さんや金子満広さんらもふくまれていた。二十一世紀の今日においてもなお存命中の人としては、浜林正夫さん（当時三十六歳）や現在私が住んでいる静岡県から参加していた鈴木良治さん（同三十二歳）なども代表団にふくまれていた。

実は、私自身、この大会に参加したのが海外旅行としては生まれて初めての経験だったのである。われわれがモスクワに滞在中、当時日本共産党を代表してプラハに駐在していた米原昶さんがモスクワ入りして、われわれ代表団を激励してくれた。その時には夢にも思わなかったことなのだが、その後、私が東京に帰ってから大田区で米原さんの後援会長となり、鎌倉に移住後も、今は亡き長女の米原万里さんやその妹ユリさん（故井上ひさし夫人）らとの交流を深めることに

軍縮と平和のための世界大会の報告大会。報告しているのは筆者

なったというのも何か因縁めいたものを感じずにはいられない。

この世界大会に参加して感じたことは、当時のソ連首相ニキータ・フルシチョフの約四時間に及ぶ長い演説を聴くだけであきあきして疲れてしまったという印象が強い。内容的には、核軍縮問題といっても、たとえば一九四六年一月十日からロンドンで開かれた第一回国連総会での第一号決議や第四一号決議にみたような、核兵器の即時無条件廃絶といった明確な方針や目標からすれば、いかにもあいまいで物足りない演説であったという印象はぬぐえないものであった。しかも、あとで分かったことなのだが、そのころ、背景としていわゆる「中ソ論争」が表面化しつつあり、中国はわずか十四人の代表をこの世界大会に送ったにすぎなかった。その「中ソ論争」との関係で、私にかかわって次のようなことが起こったのである。

大会期間中のある日、日本の代表団事務局から愛知県代表として参加している私のところへ、「ちょっと団の事務局まで来てくれませんか」という連絡がきた。行ってみると、中国の平和団体から日本代表団の事務局へ電報がきて、それには、ただ「2・3・5・8・2……」といった数字が並んでいただけで、日本の代表団としては何が何だかさっぱりわからないからというので、中国代表団に電文の翻訳を依頼したというのである。そうしたら、その内容は、「世界大会終了後、貴代表団員の畑田重夫氏が北京へ立ち寄るよう要請いたします」というのであった。

団の幹部の会議では、その中国の要請に対してOKということになったという。私は、当時、正直言って、「中ソ論争」なるものについては何も知る由もなかったし、事実、何も知らなかった。何も考えることなく、軽い気持ちで、北京経由で東京へ帰ることを承諾したうえで、早速、大会参加中の中国代表団の部屋へ挨拶に赴いた。そうしたら、「世界大会終了後、われわれ中国代表団と一緒に飛行機で北京に向かっていただきたいと思いますから、畑田先生、機内だけで結構ですから、一時的に中国人になりきってくださいませんか。ハハハ……」と言って笑いながら握手を求められたのであった。どうも、特別割引の航空券で私にも同じ飛行機に乗ってくれ、ということのようだったのである。

私はカンパをいただいて愛知県代表として参加していたので、もう一人の愛知代表の毛受さんに、中国へ立ち寄るから帰国が少し遅れるかも知れないということを愛知県平和委員会に伝えてほしいと依頼した。名古屋に帰って報告集会もすべきだし、それは当然のことであった。

もちろん、海外旅行と言っても、私にはその後二十一世紀の今日にいたるまで、たとえば私的な観光目的の海外旅行などは夢にもありえないことである。そんな暇もなければ金もない。私の海外旅行の目的は、すべて反核・平和や国際友好親善などに関係のある民主団体の代表として会議、激励、視察などを目的とする旅行ばかりである。したがって、基本的にはすべてカンパによって旅費や宿泊費をまかなうわけだが、私の場合は、恐らく全国的にも稀な方法による費用の集め方ではないだろうか。

そこには私独特の〝活動家論〟というか、〝核論〟というのがある。「金を残す人生は下、仕事を残す人生は中、人を残す人生は上」という「畑田語録」とも関係するのだが、私は長い間の研究活動とその成果の普及活動（講演・講義、執筆）のなかで、理論的、実践的、人間的の三拍子そろった人材（いわゆる活動家）を育ててきたつもりである。そこで、カンパを集めるに際しても、その人間的に職場や地域で周りの人たちから絶対的に信頼されている〝核〟の人を手がかりに、一人一円か五円、十円といったような極めて少額であっても、ものすごく多数の人びとからの募金によって海外旅行の費用を集めてきたのである。

その多数の人びとは、私のことをどんな人間か全く知らないというのがほとんどのケースである。〝核〟になっている人が「自分の知り合いの畑田重夫さんという人が今度海外へ出かけるんだが……」と言ってカンパを要請するだけで、非常にたくさんの人が募金に応じてくれるのである。私は、〝核〟の氏名を明記したカンパ用紙の綴りを記念のために長い間宝物のようにして保持していたのだが、残念ながら度重なる転居、とりわけ今回、一部屋しかないケアハウスへの入居に際して紛失ないし処分してしまった。海外旅行の度に、超多数者の力の偉大さを痛感するのであった。

さて、モスクワから北京に到着後、中国の友人たちの好意に甘えながら北京、上海の見学を終えて、南の方の杭州へと案内された。杭州と言えば、知る人ぞ知る中国では風光明媚で静かで緑豊かなところで、保養所などもあるところである。中国の友人たちは、ちょうど保養所の前に来た時に、建物の中へ私を導き、ある部屋の前で、「先生、ここが先生の静養なさる部屋です」と言う。驚いたことに、その部屋にはちゃんと私の氏名を書いた名札がかけられているではないか。中国は私が病弱で悩んでいる人間であることを知っていたのである。それよりさらにおどろいたことは、私が名大法学部の「畑田ゼミ」で、テキストとしてレーニンの『帝国主義論』も使っていたことまで知っていたのである。中国の情報収集能力のすごさを知っただけでなく、どうも、私を「中ソ論争」とも関係して、いわゆる「中国派」の一員に引き込もうとしていたのではないか、というある意味での不気味ささえ感じたのであった。

私のみ少し遅れて帰国したのだが、愛知では、毛受さんと二人で世界大会の報告大会もちゃんとおこなった。その時、私はすでに名大を辞職してすでに自宅のある東京に移っていた。

■解放感と不安感

名古屋在住中、病弱ゆえに入院や通院をくりかえしていた私にとって、たえず気持ちのうえで重圧となっていたのは、文部教官としての責任感や義務感、つまり大学における講義や教授会への出席をはじめ教官としてのさまざまな仕事であった。しかし、これからはその重圧感から完全に解放されて、一人の民間人として、念願の労働者と国民のあたたかい懐のなかにいだかれるという安堵感にひたりながら、東京での新しい生活のスタートを切ったのであった。

自由な身になって、今度こそ東京中の肛門の専門医をさがし、根本的に脱肛の治療に専念できる時間がもてるという気持ちが強かったし、妻もそれを切実に望み、私にしきりに働きかけていたことだった。

妻は妻で、名大へ辞職の届けを提出することでは私と完全に意見の一致をみていたものの、「明日から定収（月給）のない生活だけど大丈夫かしら?」と時に口走っていたところをみると、内心では、やはり一抹の不安はぬぐいきれない様子であった。

二人の間のこの微妙な心境のずれに、重大な関心をもたざるをえなかったのは私であった。

国民のなかでもっとも数が多いのは労働者階級に属する人たちなんだよ、とか、名古屋在住中もっとも親身になってわれわれ二人の生活を支え、励ましてくれたのも労働者だったじゃないか、と説明し、説得することはできても、妻にしてみれば、私と違って、労働者と直接のふれあいをもったのは茶道の教授を介して一部の女子労働者との接触を経験したにすぎなかったわけだし、心から労働者の力を信じ、信頼できなかったのも無理のないことだったにちがいない。

「みんなに信頼されることはいとも容易である。むずかしいのはみんなを信頼することができるかどうかである」という言葉は、名古屋時代から私がしばしば口にしたり、求められるままに色紙に書いて労働者のなかの活動家たちに贈っていたことも、彼女はよく承知していたはずである。そのうえ、前回も書いたように、軍縮世界大会参加のためのモスクワへの旅行のさいの、資金カンパの集め方とその集まった金額の大きさや、私が入院した時のカンパ方式による見舞金の額の大きさなどを通じて、多数者の力の偉大さも体感していたはずである。

にもかかわらず、少しでも今後の生活上の不安をいだいているとすれば、家庭の団結上からも、その不安を完全に解消しておく責任が私にあるのは当然のことであった。

考えてみれば、名大退職時の退職金が約七十万円という少額であったうえ、その七十万円が丸善や紀伊國屋の洋書代の支払いで一瞬に消えてしまったのだから、彼女が将来の生活上の心配をするのも当然のことだったと思う。

私の学生時代、東大法学部の教授になったばかりだった民法の来栖《くるす》三郎先生が、講義の時に、「私たち若い教授は、宮沢先生、我妻先生のような老教授と違って研究生活は大変なんです。老教授の先生たちは、月給も私たちより高いのは当然ですが、そのうえ教科書などは出版社からの献本が多いんです。でも私たちのような若い者は全部自費で購入しなければならないんで生活も大変なんですよ」と、下を向きながら小さな声で語っていたことを思い出したものである。

研究費問題をふくむわれわれの生活上の問題が、東京へ引き上げてからのわれわれ二人の前に提起されていた、最大かつ根本的課題の一つだったことはまちがいない。

■健康の大切さとまともな仕事

深刻な戦争体験をもつ私の戦後生活の出発点に、「憲法の原理・原則が活かされ、それが根づき輝く社会の実現を」という信条があった。

自宅には、あちこちに小さな憲法典を置いたり、外出にさいしては必ず上衣のポケットに小憲法典(冊子)をしのばせてきたし、いまもそうしているわけである。その冊子自体は目方として は決して重いものではない。しかし、私にしてみれば、その憲法のなかには、若くして戦死した私と同期の〝わだつみ〟の仲間たちの生命をはじめ、三百十万人とも言われる日本国民の生命、二千万人超の中国をはじめとするアジア諸国民の生命がこめられているところの極めて重いものである。たまたま日本国内の陸軍病院に入院していたために奇跡的に生命が助かった私にしてみれば、健康に十分留意して、たとえ一日でも一時間でも、いや、一分でも一秒でもより長く元気で長生きして、今は亡き学友たちの分もふくめて、憲法が求めているように平和と民主主義と社会進歩に貢献しなければならない、という気持ちで一杯である。東京での新しい生活の開始にさいしても、あらためてこの原点を確認し合ったものである。

そこで私が即刻着手すべきことは、まず第一に、持病の脱肛の根本的な治療をはじめ健康体の回復に全力をあげること、第二には、名大在職中に蓄積した財産――学問研究によってえた学識や知見ならびに労働者階級との接触によってかちえた、小市民的な思想の克服という思想上の進歩を生かすことのできる仕事を始めることであった。この二つを軌道にのせることによって、妻にも安心感をもってもらえるし、今後の長い人生軌道を安定したものにすることができると考えたのであった。

名古屋の十三年間を、われわれ二人の長い人生における「前史」とするならば、東京での生活こそはまさに「本史」のはじまりというべきであった。

私は東京での生活を始めるやいなや、第一に今度こそ純粋に民間の機関（組織）であり、第二にそれまでの私の国際政治をはじめとする研究者としての実績と能力とを活かすことのできる仕事を、という条件のもとで、労働者教育協会（以下「労教協」と略す）および日本朝鮮研究所との二つに籍をおくことにした。

日本朝鮮研究所は、所費を出すことはあっても、研究費が出るわけでもなく、まして月給が支給されることもないわけだから、生活上の糧という点では直ちにプラスになることはない。だが、労教協の方は、無給とはいえ、たとえ安くても同協会がかかわる学習雑誌や書籍への寄稿・執筆などによる原稿料や印税収入、さらには労働学校や労働組合などがおこなう学習講演会などでえられる講師料（講演料）収入などによって、最低限の生活を維持する見通しを立てることができたのである。

労教協とは、朝鮮戦争のさなか、サンフランシスコ体制確立の直後にあたる一九五二年十月、哲学者の柳田謙十郎先生、経済学者の宮川実先生らの学者・知識人を発起人として発足して以来、一貫して科学的社会主義の立場に立つ労働者教育をすすめて今日にいたっている組織である。

労教協は、当初『学習の友』という若い労働者向けの月刊の学習雑誌の編集・刊行・普及を中心的な事業としていたが、次第に学習のテキスト・ブックの出版と普及、労働組合や労働者の学習サークルや各地の労働学校への講師派遣事業、さらには勤労者通信大学（略称「勤通大」）をも開講・運営し、添削による勤労者の学習への協力・援助にも力を注いでいる。

私は当初一理事としてこの協会にかかわりはじめたのだが、その後まもなく常任理事となり、やがては副会長を経て会長、勤通大学長を歴任することになった。

初期のころには、柳田謙十郎会長、宮川実副会長のもと、哲学者の高田求、高橋庄治、人生論・愛情論などで有名だった林田茂雄、科学史の今野武雄、労働組合運動史に詳しかった吉村英《ひで》といった知識人や専門家が多数結集していた。大阪の関西勤労協での実績をもって上京してきた辻岡靖仁《せいじ》、北海道で主として経済学の講義・講演で大活躍をしていた北田寛二の諸氏が当協会に参加していた。これらの人たちとはなつかしい幾多の想い出を共有していたのだが、さびしいことに、いまや私を除き全員がこの世を去っている。

ともあれ、この労教協を舞台として私の東京での生活が開始されたわけだが、名大時代と違って、何と言っても民間の組織であるために、国家公務員（文部教官）という肩書きにしばられることもなく、国民の税金によって給料が支給されるということでもないので、気分的には極めて自由で快適そのものであった。そのうえ、私が求めてやまなかった「思想上の恩師」ともいうべき労働者にはたえず接触できるという点でも、十分な満足感を覚えたものであった。つけ加えるならば、妻がかねて不安に思っていた生活上の心配もまずまず解消されたのであった。

■ニンニク療法との出合い

労教協は、定期的に常任理事会、理事会、総会を開催することによって民主的に運営されていた。もっとも頻繁に開かれていたのは常任理事会であったが、病弱の私は、時に、いや、しばしばその常任理事会を欠席していた。ときおり、体調の良い時には出席していたのだが、ある時、会議終了後、会長の柳田先生が、「畑田さん、ご健康がすぐれないようにお見受けするのですが、実はこの本、私のところへ送ってくれた人がいたんです。これを読んで、これは畑田さんには最適の本じゃないかと思ったんです。だまされたと思って一度読んでみませんか」と言いながら、一冊の本を手渡してくださったのであった。

その本の題名は『知られざる霊薬――臭くないニンニク療法』というのであった。読了後、すぐに柳田先生に返却したので、いまは手許にないのだが、私の記憶にまちがいがなければ、著者は売薬で有名な富山県在住の人で、決して有名な薬学者とか漢方薬の専門家でもなく、ごく普通のニンニクの愛用者のようであり、どうも自費出版のようであった。

せっかく、会長の柳田先生が親切にも一常任理事である私の健康を案じてくださって一読をすすめてくださったわけだし、私自身も何とかして健康を回復したいという一念に燃えていた時でもあったので、帰りの電車のなかではもちろん、帰宅をしても、それこそ寝食を忘れて読みふけり、一気に通読したのであった。

柳田先生から拝借している本だから、赤線などをひくわけにもいかないので、重要と思われることはカードにぬき書きをするなどしながら、とにかく真剣かつ詳しく読み終えるや否や、私は直ちにその本に書かれているとおりのニンニク療法を開始した。

その方法というのは、一かけらの生ニンニクを、ほんの小指の爪ほどの少量だけ、おろし金でオブラートのうえにすりおろし、それをくるんで口に入れて飲みこみ、コップ二杯の生水をグーッと飲むという、ごく簡単な方法なのである。ただし、空腹の時にそれをやると胃壁をこわすので、必ず食後に、という条件つきである。

何とかして私の健康体を！　というのは、結婚以来私たち二人の切願であったので、私は妻の協力もえながら、直ちにこの療法の実践を始めたのであった。

するとどうだろう。それまで、排便のたびに肛門から出血をみていたのだが、この療法を開始して数日後から、完全に出血が止まるではないか。私は、効果てきめんと、うれしくてうれしくてまるで舞い上がるような気持ちであった。それがどんなに私の身体によいといっても、外科的な手だてを必要とする持病の脱肛が治るとは思わなかったが、年来の肛門からの出血が止まっただけでも、この方法は、生来の虚弱体質の私にはまちがいなく効果があると素人ながら信じこむようになり、それ以来、毎日、三度三度の食後に必ず継続して実施することにした。それこそ「愚直に」という言葉が私のためにあるような気がしたものである。

肛門からの出血が止まっただけではない。二〜三カ月後には、何人かの知人・友人から、「顔色も良いし、元気そうですねえ」と言われるようになった。それは決してお世辞や外交辞令ではなく、ほんとうに第三者から見て私が見ちがえるほど健康そうに見えるようになったらしいのである。

それ以来、二十一世紀の今日にいたるまで、どんなに忙しい時でも、また、どこへ出かける時でも、いわゆる「三点セット」の「生ニンニク」「おろし金」「オブラート」を必ず携帯することにしている。この三点セットは、ポケットに入れて常時携帯している小憲法典と同じく四六時中、いな三百六十五日、一日も欠かすことなく常時私の身体と行動をともにしている。

■不破哲三・七加子さん夫妻との交流

名古屋から東京へ帰って最初の住まいは、都下の東久留米市学園町という、西武池袋線ひばりケ丘下車の静かな町であった。間借り生活にはちがいなかったのだが、家主さんの特別の厚意により、われわれ二人がまるで家主であるかのように、家屋の中心部分の使用を認めてくれていた。したがって、私の書斎も独立して存在していたし、蔵書の収納も十分可能であった。

この家の隣りには、『都市の論理』などの著作で有名な歴史学者の羽仁五郎さん夫妻が住んでいた。夫人の説子さんは、戦後いち早く宮本百合子らとともに「婦人民主クラブ」の結成を呼びかけたことでも知られていた。説子さんには毎朝のように塀ごしに顔を合わせていたし、五郎さんとは、しばしば二人で近所の林のなかの朝の散歩を楽しんだものであった。そんな時、五郎さんは私に向かってしきりに、「政党をふくめ日本の民主団体の新聞は、まだまだ難しすぎると思う。もっともっと一般大衆にとってわかりやすいものでないと駄目だと思いますよ」と言っていたのが印象に残っている。

それから、このひばりが丘では、われわれの住まいからすぐ近くにかなり大きな集合住宅（マンション）があって、そこに不破哲三さん夫妻が住んでいた。妻みちるは七加子夫人をはじめ地域の女性の方がたと一緒に住民運動にとりくんでいた。

不破哲三さんはそこから毎日、日本共産党中央委員会のある代々木まで通っていたが、その当時から駅までのバスのなかでもたえず活字に親しんでいて、読書家・勉強家ぶりを周りの人たちに印象づけていたものである。

そのころは、党本部の一勤務員という身分だったのだろうが、「赤旗」紙の縮刷版が出ると、親切にも「一日でも早い方がよいでしょう」ということで、いつも刊行されるたびにいち早くわが家までとどけてくれたものである。

したがって、私の書斎のなかにあった「赤旗」縮刷版には、すべてその裏表紙の上の片隅のところに鉛筆の小さな字で「不破」と記してあったものである。不破哲三さんの親切さというのか、細やかな心づかいの一面を裏づけることだったと思っている。

その後私たちは妻の実家のある東京の大田区へ転居したのだが、ちょうどそれと相前後して不破さんも東京六区（旧）から衆議院選挙の候補者となるため、都内の墨田区へ転居したと記憶している。

7　日本朝鮮研究所の創設、北朝鮮・中国を訪問

■なぜ「日本朝鮮研究所」なのか

労働者教育協会の仕事とともに、東京へ引きあげて私が最初にかかわったのが日本朝鮮研究所であった。

この研究所をよりどころとしながら、同所の機関誌『朝鮮研究』を介して現代朝鮮問題、とりわけ日朝関係の歴史や現状に関する論稿の数々を精力的に執筆した。それらの執筆に先立って、所員間で昼夜の別もなく、日本帝国主義の対朝鮮植民地支配政策などについて議論を交わしたのが、今となってはなつかしい想い出となっている。しかも、その議論の中心問題は、すべて今でいういわゆる「歴史認識」に関することばかりだったのである。

昨年は安倍首相の「七十年談話」をめぐって、政界はもとより、学界やメディアの世界においてもいわゆる「歴史認識」問題が内外で大きな話題となったが、この問題は今もことあるごとにくすぶり続けている。私の「七十年の憲法人生」のなかで、この「歴史認識」に関しては、いさ

さかなりとも日本国民の間で先駆的な役割を果たしえたと自負できると思う。

そもそも、この研究所設立にあたっては、所の名称ひとつ決めるにも長時間の議論を必要とした。単なる朝鮮研究所でも韓国研究所でもなく、また日朝研究所とか日韓研究所でもなく、さりとて日本韓国研究所でもなく、結局、日本朝鮮研究所ということで決着をみた。

これは、日本と朝鮮との関係を中心とする研究所という意味ではなく、日本人の研究者がおこなうところの、日本における朝鮮問題のすべてに関する研究所という意味合いをもっていたのである。したがって、本来ならば、上の日本の二文字を小さく書いて日本朝鮮研究所とするか、もしくは日本を横書きにして日本朝鮮研究所とするのがもっとも正確に所の性格を反映したのかも知れないのだが……。

そのように、われわれはあくまで日本の研究者なのだという主体性や自立性を失うことなかれ、という自戒を心に秘めつつこの研究所での研究にたずさわったのであった。

あえて、韓国研究所ではなくて、朝鮮研究所としたのにもそれなりの意味があった。もちろん、その当時、朝鮮半島は三十八度線付近の軍事境界線を境として、南は大韓民国、北は朝鮮民主主義人民共和国とに分断されていた。多くの肉親が南北にひきはなされ、面会はおろか、文通さえままならぬという悲劇的状況のもとで、南北朝鮮人民の真の要求は何かについて、われわれは真剣に議論もしたし、一定の認識も共有していた。つまり、われわれは、南北朝鮮人民の悲願ともいうべき念願と要求は、「南北の自主的・平和的統一」（傍点筆者）であるということを十分に承知したうえで、研究や諸事業をすすめたのであった。

ついでに書いておくが、われわれ所員の間では、些細なことのようだが案外重要だと思われる次のようなことまで話題となり、議論の対象となったことが想い出される。

日本国民は、日常生活のなかで、なぜ、「アメリカ人」「フランス人」「インド人」などという言い方や呼称を口にしているのに、朝鮮の場合だけは、なぜ「朝鮮人」と言わないで「朝鮮の人」という言い方をするのか、という問題である。

われわれ朝鮮研究者の間では、この問題も見逃すことのできない重大問題であるとしてさかんに論じ合ったものだった。結論としては、「朝鮮人」と言わない、いや「言えない」のは、そこにこそ一種の差別意識が残っている証拠ではないのか、ということであった。一見、宗主国の国民がかつての被支配国の国民に対する反省とかおわびの気持ちをこめたていねいな言い方のようにきこえるかも知れないが、実際はそうではなくて、それ自体が差別意識の「うら返し」なのではないのか、というのがわれわれ所員間の議論のすえの結論だったのである。

■日朝人民の共同のたたかいを土台に

われわれ現代朝鮮問題研究者が、なぜ「歴史認識」に代表されるような思想性の問題に神経を使うようになったのかを考えるうえで、忘れてはならないことは、日朝両国人民のたたかいが先行して存在しており、それがわれわれ研究者を励まし、あるいは重大な問題提起をしてこられたということであった。

六〇年安保闘争のあと、「日韓会談粉砕闘争」が「第二の安保」としてとりくまれたのであったが、たたかいの規模においては到底「第二の安保」というにはほど遠い状況に終始した。それはどこに原因があったのだろうか、と考える時、やはり、日本の労働者・人民のなかの「歴史認識」問題における弱点というか欠点があったことを見逃すことができない。

日本の労働者・人民がとりくんだ「日韓会談粉砕闘争」が必ずしも「第二の安保」のように燃えあがらなかったことの結果として、朝鮮の近・現代史、とくに日本と朝鮮との関係史――このことは日本資本主義の発展の歴史を知ることにも等しいのであるが――を研究し、かつ普及・教育する必要があるという反省が生まれたことは、「日韓会談粉砕闘争」が生んだ一つの貴重な成果であったといえよう。事実、そのころから、日本の学術団体ではむろんのこと、日朝協会など人民レベルの国際友好運動のなかにおいても、朝鮮の近・現代史や日本と朝鮮との関係史を学ぼうという気運が顕著になってきたのであった。

私は、一人の研究者として、日韓会談反対闘争をたたかった日本の労働者・人民の動向に終始関心をいだきつづけたものだが、その当時の忘れることのできない「よき想い出」の一つを記しておきたい。

私は日韓会談のさなかにおいて、しばしば労働組合や民主団体が主催する学習講演会や学習会に講師や助言者として招かれた。

このたたかいは、自分たちの賃上げ闘争とか、職場の合理化反対闘争のように、労働者にとって一定の要求がはっきりしたたたかいではなくて、日韓会談反対という政治闘争であって、「なぜ反対すべきなのか」という一定の理解がなければなかなか盛り上がらない性格のたたかいだったのである。

ちなみに、そのころよく「警職法はオイコラケイサツ反対で一分で入ったし、安保も三時間もあれば分かってもらえた。しかし、日韓は三日かけても三週間かけても入りにくい」と言われたものであった。それだけに、私の講師活動も労働者たちの理解と共感をえるにはかなりの工夫と努力を必要としたのであった。

私は、講師活動のなかで、しばしば次のような、日本の労働者が「日韓会談粉砕闘争」のなかで作った詩を紹介したものであった。そうしたら、講演の直後から、私の自宅へあちこちから電話がかかってきたり、手紙がきたりして、「先日の講演のなかで紹介された詩の全文を教えていただけませんか」というのである。それが一人や二人ならともかく、かなりのちのちまで何十人という人たちから同じような要請があるではないか。よほどその詩が聴く人に感銘を与えたか、もしくは共感を呼んだのだろうと思わざるをえなかった。

私自身も、初めてその詩に接した時、「ああ、日本の労働者も、たたかいのなかで、ちゃんと日本の朝鮮に対する植民地支配の史実を学びとっただけでなく、当面の共通の敵であるアメリカ帝国主義との共同闘争（＝国際連帯闘争）への自覚を深めてくれたんだなあ」ととてもうれしく思ったし、励まされもしたのであった。

参考までに、次にその詩（抄録）を紹介しておこう。

「僕は知らない」

僕は知らない　カネヤマ・コージ君
君の名を　君の本当の名前を
君の祖国をうばった僕らは
君の名前までも奪ってしまっていたのか
　二〇年前
少国民と呼ばれていた僕ら
僕は気づかなかった　同じ年の君が

なぜ　僕らの国民学校へ来なかったのか
なぜ　いつも学校を休んでいたのか
　カネヤマ・コージ君
君は　日本の少国民と呼ばれるのを拒否していたのではなかったか
　でも　君は
道端にうずくまり　折れ釘で地面をなでながら
ひとり　口の中でうたっていたことも
あったっけ
　僕ら　みんながうたっていた歌を
「みんなで勉強うれしいな
　国民学校一年生」
僕は忘れない
クラスで一番ケンカの弱い　いじめられっ子の僕が
その僕よりも弱い君を　いじめた日のことを
　僕は君の頭を石で殴ったのだ
泣いて逃げる君を追いかけて　もう一度

石を投げた僕は
　あれは　たしかに　僕だったのだ
君の頭から流れる赤い血を見た僕は
間違いなく僕だったのだ
（中略）
　カネヤマ・コージ君
いま　君の祖国で闘っているだろう　カネヤマ・コージ君
許してくれ　と僕は簡単には云わぬ
でも　見ていてくれ　僕らの闘いを
君たちの闘いと僕らの闘いが
共通の敵にむかうとき
そして
君たちと僕らが民族の自由を勝ちとったとき
そのとき　僕の罪をさっぱりと
　洗い流してくれ
カネヤマ・コージ君

いま　僕らみんなが　放つ矢の
標的は定まったのだ

この詩は、私の論稿である「日韓会談反対闘争の展開とその歴史的役割」に収録したものだ。一九六四年当時、首切り撤回・放送の反動化阻止のための闘争をしていたラジオ中国芸能員労働組合（広島）の文化工作隊の人たちのなかの一人の労働者が、一九六四年四月二十六日の「沖縄返還要求・呉基地撤廃呉集会」にのぞんで作ったものである。

この作詩者（日本人労働者）は、たたかいのなかで、ちゃんと朝鮮に対して同化政策を推進した日本帝国主義の植民地支配の実態も認識し、そのうえで北東アジアの平和を展望するかのように、アメリカ帝国主義の北東政策とたたかう人民レベルの国際連帯闘争への意欲をもつまでに成長していることをみごとに示している。こういう詩をみとどけることができたということは私として講師活動冥利につきるということであり、本当にこのうえない喜びであった。

他方、南朝鮮でも労働者・人民のたたかいがもりあがっていたが、なかでも目立っていたのは若い学生たちのたたかいであった。かれらのたたかいのスローガンのなかに、「アメリカは友好の仮面をはずせ」「アメリカは日韓会談に干渉するな」というものがあり、プラカードのなかには、風刺的に、「製作ジョンソン、監督李完用、主演金鍾泌・池田勇人、製作費平和ライン販売代金、学生と一般国民の入場禁止、五月に東京の劇場で封切り」というものもあった。ちゃんと日朝両国人民共通の敵アメリカ帝国主義を意識しており、頼もしい限りであった。

こういう日朝双方の労働者・人民の連帯闘争そのものが、われわれが創設したばかりの日本朝鮮研究所のメンバーを側面から間接的に激励してくれていたわけであった。

さて、われわれの研究所は、基本的には所長格でもあった元日本社会党の国会議員古屋貞雄氏の個人的な資金提供を中心としつつ、何人かの心ある人たちによる財政的支援を基礎に設立されたのであった。したがって決して財政的にみてその運営は容易ではなかった。しかし、以上に述べたような六〇年安保闘争に続き日韓会談反対闘争などをたたかうなかで、民族的・階級的自覚を強めつつあった多くの労働者・人民による間接的な温かい理解や支援・激励があったればこそ、短期間ではあったがその運営が可能であったと思っている。

■日・中・朝三国学術研究団体の交流

一九六四年、われわれの研究所は、非力ながら自らイニシアティブをとって、中華人民共和国と、朝鮮民主主義人民共和国のそれぞれの学術研究団体に申入れをして、三国共同声明を出そうという企画を実らせることができた。古屋貞雄氏を団長とする数名からなる「日本朝鮮研究所代表団」を構成した。団員のなかには、私のほかに、早稲田大学の安藤彦太郎教授、在野の寺尾五郎、川越敬三、都立大学の小沢有作の諸氏がふくまれていた。

北朝鮮は言うまでもなく、中国もまだ日本との国交正常化をみていない時期であったため、この企画の推進は決して容易ではなかったはずだったが、古屋さんの特別の尽力もあって意外にも早く実現することになった。もちろん、往復とも北京経由であったため、北朝鮮のビザ取得に意外に長い時間を要したのをふくめ、予想以上に長い旅行時間を強いられた。

最初に北朝鮮に行き、中国とは帰路正式に会談をして共同声明に署名をするという段取りであった。私は北朝鮮はもちろん初めての訪問である。中国は一九六二年のモスクワでの軍縮平和大会の帰途立ち寄ったので二度目の訪問ということであった。

両国において経験あるいは見聞きしたエピソード的なことのいくつかを記しておこう。

北朝鮮については、当時、日本では「千里馬の国」と言って、夢のようなすばらしい国として宣伝されていた時である。確かに街路は奇麗で、一見したところ美しい国にみえる。われわれ日本からの代表団は、事実上国賓待遇であるし、宿泊先も一流のホテルであった。

われわれはピョンヤン滞在中、あちこちへ案内され、見学をした。実際は、自由な行動によって、ごく一般的な市民の家庭をも見せてほしいと思ったのだが、それが許されず、すべて先方が最初から計画している学校や施設の見学ばかりであった。自由行動を認めない理由として先方が述べたのは、「日本の皆さんだということはすぐに分かりますので、もし先生がたに危害が及ぶようなことがあるといけませんので……」というのであった。つまり、日本帝国主義＝「日帝《イルチェ》」への憎しみをいだいている朝鮮人がいないとは言えないので、というもっともらしい説明なのである。

案内されるところ、どこへ行っても金日成の名前が出ないことはないのには全く閉口した。たとえば金日成総合大学へ案内された時のことである。理系のある学部でのことだったが、長大なガラス製のビンに入ったアルコールづけの鮭が標本として飾られていた。すると、ガイド役の説明は、「この鮭は、金日成主席の漁業指導によりわが国の近海で獲れたものでございます」というわけである。

農村の見学では、リンゴ農園へ案内された時のことだが、やはり、「このみごとに実っているリンゴは、金日成主席の農業指導によってゆたかに実ったものでございます」と言った調子なのである。ということは、金日成という指導者はあらゆる知識や技術をすべて身につけている万能の人間だということになるのではないのか、とわれわれ日本からの代表団は感想を語り合ったのであった。

われわれは三十八度線付近の南北の軍事境界線、すなわち板門店へも案内された。北の方から韓国の領土を眺めることができた。

サプライズというのだろうか。われわれは滞在中に意外にも金日成主席に会うことができたのであった。その会談の時、意地悪い私は、ほんとうに金日成という人物は自分の頭でものを考え、自分の言葉で語れるのだろうかと思って、金日成に対し、直接、「現在の極東の情勢を主席はどうみておられますか?」という質問をしてみた。すると彼はわれわれの前で、自分の言葉で当時のアジア情勢についての彼なりの分析をしてみせたのである。通訳を除けば、その時、傍に誰もいなかったので、「ある程度、この人は情勢分析能力をもっているなあ」というのが率直な私の印象であった。

たしかに、抗日パルチザン闘争時代以来の彼の経歴からみても、並の人物ではないと思ってはいたが、それにしても、どこへ行っても金日成の写真や像ばかりで個人崇拝もいいとこだ、との感想を語り合いながらわれわれ一行は北朝鮮をあとにして北京へ向かった。

中国では、ただ「三国共同声明」のための一連のセレモニーだけでなく、北京や上海など主要都市その他の観光や見学を楽しむゆとりもあった。毛沢東も存命中だったが、彼には会うことはできなかったものの、周恩来首相には北京の人民大会堂のなかの一室でゆっくり会談をすることができた。

8　一九七〇年代の多彩な交流

■七〇年安保・沖縄闘争のなかで

六〇年安保闘争に続き、日本の労働者と国民は日韓会談反対闘争、アメリカ帝国主義のベトナム侵略戦争反対闘争、および七〇年安保・沖縄闘争というように、間断なく平和と民主主義を求めるたたかいに取り組んでいた。

私が日本アジア・アフリカ連帯委員会（後に日本アジア・アフリカ・ラテンアメリカ連帯委員会へと発展的に改称＝AALA）の理事長に就任したのは、一九六九年のことであった。一人の国際政治研究者として、日本の労働者と国民が展開するたたかいには、直接デモや集会に参加するかしないかは別として、とにかく自分の血がさわぐ日々が続いたことは鮮明な記憶として残っている。

朝鮮戦争中に開始された日韓予備会談以来、両国の会談が、開始・中断・再開・再中断また開始……というふうに長期にわたって継続し、それに対し日韓双方の労働者・人民はねばりづよくたたかい続け、また祖国復帰をめざす沖縄県民のたたかいも、改定安保条約第十条の「十年経てば」という、いわゆる「固定期限」が切れる一九七〇年をも意識しながら、最高度に盛り上がりつつあった。

労教協と同じく、労働者の学習に力を注いでいた中央労働学院の政経科の講師として教壇に立ったのもちょうどそのころだったが、そこでは沖縄・伊江島から上京して学んでいた阿波根《あはごん》昌鴻《しようこう》さんの想い出が強烈で、彼は一九六六年から六七年にかけて十カ月間、私の拙い講義に熱心に耳を傾けてくれたものであった。中労では、文芸科で草鹿外吉さんや土井大助さんも教壇に立っていたし、卒業生には鶴岡征雄さんらがいた。

私が、『働くものの学習法』(東邦出版社・後に学習の友社から『現代人の学習法』と改題されて刊行)とか、『学生運動と統一戦線の思想』(汐文社)といった著作を公刊したのもちょうどそのころであった。

一九七〇年の安保条約の固定期限が切れるころをピークに、いわゆる七〇年安保・沖縄闘争が展開されたが、ちょうどそのころ、横浜の保土ケ谷に住んでいた私にとっては、「青年安保学校」といって、横浜の青年労働者を中心に全三課からなる日米安保条約や安保体制に関する講義に情熱を燃やしたなつかしい想い出がある。

戦後七十年間の「憲法人生」のなかでも、一九七〇年代の十年間は、肉体的にも精神的にももっとも充実した日々を送ったと言えるのではなかろうか。それには、今は亡き妻みちるの献身的な協力があったことに加え、私自身が年齢的にも四十歳代から五十歳代にかけての若いころでもあり、東京での生活にも慣れてきたということもあったのであろう。

それと同時に、現代史の研究者として、現実に動きつつある内外の情勢分析に力を注いできた私にとって、客観的な研究対象そのものが極めて好ましい展開をみせていたころであったことも影響していたのではないかと思われる。

■三大危機のアメリカと革新自治体時代

国際情勢に眼を転じると、一九七〇年代のアメリカは、その前半において深刻な危機におちいっていた。私はアメリカが直面する「三大危機」と表現しつつ、執筆のうえでも講義や講演のうえも非常に快調であったことを記憶している。

まず第一は、「ドル帝国」アメリカが、一九七一年にいわゆる「ドル危機」(「ドル・ショック」とも「ニクソン・ショック」とも言われた)に直面したことである。「一ドル三百六十円」といわれた固定相場制が崩れ、一九七一年八月に金・ドル交換停止がおこなわれて変動相場制時代に移行した。ちなみに、一九六七年末にアメリカの金保有高は百二十億ドルまで減り、一方、対外ドル短期債務額は二百九十四億ドルにのぼっていた。

第二には、一九七三年に「石油帝国」アメリカが、「石油危機」(「オイル・ショック」とも言われた)に見舞われた。一九七三年十月の第四次中東戦争を契機に、石油輸出国機構(OPEC)が石油価格を四倍に引き上げ、アラブ石油輸出国機構(OAPEC)が輸出規制を宣言したことによって勃発したのが、この「石油危機」の真相であった。これは一般に第一次「石油危機」といわれたが、さらに一九七九年には第二次「石油危機」——二月のイランにおける反米・反王制の革命(イラン革命)をきっかけとする世界的な石油の供給不安と、価格上昇によって引き起こされたものであった——も記録されることになる。

三つ目としては、一九七五年四月、世界最大・最強の経済力と軍事力を誇ったアメリカが、ベトナム侵略戦争において東南アジアの小国ベトナムに完全敗北を喫したという、いわゆる「ベトナム・ショック」である。ちなみに、当時のベトナムは、南北合わせて人口はアメリカの六分の一、面積で二十八分の一、国民所得(GNP)は二百五十分の一であった。

アメリカは、朝鮮戦争に続き、この戦争においてもたびたび核兵器の使用を画策したが、ベトナム人民はもとより、日本をはじめとする世界の反核平和の世論と運動によってその実行をはばまれた。ベトナム人民の不屈の闘志と団結力で、史上最強の帝国主義の侵略を撃退し民族自決権を確立したことの意義は、いくら強調してもしすぎることはないであろう。

日本が日米安保体制のもと、政治・経済・軍事などあらゆる面でアメリカ帝国主義に従属している状況で、当のアメリカが三大危機におちいっている。このことは、日米安保条約廃棄、非核・非同盟・中立の日本、すなわち核兵器も、軍事基地もなく、いかなる軍事同盟にも加わらない平和で暮らしやすい日本をめざしてたたかう日本の労働者と国民にとって大きな励ましになったことは言うまでもない。

ついでに述べておくが、このアメリカの三大危機を救うために始まったのが、いわゆるサミット（西側主要国首脳会議）である。それは一九七五年末、フランスのパリ郊外のランブイエで開催されたのだが、当初の目的は何よりも経済的危機に直面するアメリカを救うことにあった。その後は単に経済問題のみならず、会議の内容はグローバルかつ多岐にわたって討議されるようになっているが、その起源が、七〇年代前半のアメリカの苦境を救うことを目的とした先進国の首脳会議であったということだけは銘記しておきたいものである。

そのようなアメリカを中心とする国際情勢の展開が、日本の労働者と国民を大きく励ます要因ともなり、一九七〇年代、主権者である日本国民は全国で住民の要求をかなえるいわゆる「革新自治体」を続々と誕生させたのであった。

一九七四年四月、京都府知事選挙において、蜷川虎三《にながわとらぞう》さんが当時としては最多選記録の、連続七選二十八年間京都府知事の座をしめた。「日本の夜明けは京都から」とか、「憲法を暮らしの中に生かそう」とかの標語でも知られた京都の革新府政であったが、蜷川さんが初めて京都府の知事になったのは「サンフランシスコ平和条約」や「日米安保条約」（旧）締結以前の一九五〇年四月で、まだ連合国軍による対日「戦後占領期」の時代だったのである。

一九六七年四月には首都東京で革新の美濃部都政が誕生し、翌六八年には沖縄の主席選挙では屋良朝苗《やらちようびよう》さんが当選したのに続き、一九七〇年代に入ると、まず七一年四月に大阪で黒田革新府政の誕生、七二年には埼玉で畑《はた》革新県政、七三年四月には名古屋で本山革新市政、七五年には神奈川で長洲《ながす》革新県政の誕生というように、地方政治の革新時代の流れが本格化した。横浜市も、すでに一九六三年から市長に就任していた飛鳥田一雄《あすかたいちお》さんが七〇年代後半にいたるまで革新市政を維持していた。大都市だけではなかった。全国各地の中都市をはじめ小さな町村にいたるまで数多くの革新自治体が誕生したのが、一九七〇年代だった。

当時の反動勢力とマスメディアは、「TOKYO作戦」と称して、東京（T）、大阪（O）、京都（K）横浜（Y）、沖縄（O）、すなわち美濃部、黒田、蜷川、飛鳥田、屋良の革新自治体の首長たちに代表される革新の流れをたたきつぶせとばかりに、自民党内の最右翼の青嵐会を先頭にありとあらゆる策をろうして革新の流れを断ち切ろうと狂奔したものであった。

そういう猛烈を極めた反動攻勢に抗しかねた社会党が、次第に右へ右へと傾いていった。一九八〇年一月には、いわゆる「社公合意」すなわち社会党と公明党とが、日米安保条約および自衛隊の容認、政権協議から日本共産党の排除という基本問題で合意するにいたったのである。こうした情勢のなかで、一九八一年五月に、日本共産党の提唱によって誕生したのが、「全国革新懇」すなわち、「平和・民主主義・革新統一をすすめる全国懇話会」だったのである。

■劇団のみなさんとの交流

そういう客観的情勢に呼応するかのように、主体的に私の個人的な社会的活動も確信にみちつつあり、単に日本朝鮮研究所、労働者教育協会や中央労働学院などとのかかわりにとどまることなく、どんどんとその接触の舞台をひろげていった。

劇団民藝の俳優教室で社会科学概論の講義を担当するようになったのも、一九七〇年代のことであった。当時の民藝は、宇野重吉さんや滝沢修さん、女優では北林谷栄さんたちが中心になって運営されていた。私は、将来の一人前の俳優をめざす「俳優の卵」と言われていた若い人たちに、社会科学概論の講義をすることを依頼された。俳優教室の教科目のなかに、戯曲（台本）の読み方や発声の方法、身のこなし方、動かし方などに関する科目の他に、さすが民藝だと思ったのは、「社会科学概論」という教科目が設定されていたのであった。それは、当時の社会的風潮が反映して、社会や政治の見方においていわゆる過激派的傾向におちいる心配があるというので、正しい社会や歴史の見方を中心に分かりやすい講義をしてほしいという、劇団首脳陣の配慮からだった。

その後、一九八〇年代から九〇年代にかけて政党をふくむ民主的諸団体の集会などで、司会役でも大活躍していた女優の津田京子さん（故人）たちが、俳優教室で私の講義を聴いてくれたのだが、あしかけ三年間私は民藝へ足を運んだのであった。もともと演劇鑑賞が大好きだった私だし、民藝の俳優さんたちはもちろん、東京芸術座、俳優座、青年劇場、銅鑼《どら》など新劇の劇団や前進座の俳優さんたちとの交流が始まったのも一九七〇年代のことであった。テレビでお馴染みの女優冨士眞奈美さんたちとの交際も、二十一世紀の今日にまで続いている。時代はちょっと後になるが、演劇好きの私と教師たちの劇団「創芸」との長くて深いおつき合いも今にいたるまで続いている。

私の古い著書の奥付けや、講演会のチラシなどの私のプロフィールの欄に、「趣味」として「観劇、魚釣り、野球、バスケットボール観戦、若い人たちと人生観・世界観・趣味などについて談笑すること（健康上の理由で戦前から大好きだったアルコール類を医師から厳禁されているため場所は純喫茶店専門）」と書きこまれていたものだが、観劇がそのころからトップにあげられているのは、それこそが私にとって最良の気分転換だったからである。

二十一世紀の今日にいたるまで、民藝をはじめ各劇団は、律義にも舞台の案内状（招待状）や機関紙類を贈呈してくれるのだが、私の方がめっきり忙しくなり、なかなか日程のやりくりがつかず失礼ばかり重ねているのが心苦しくてならない。二番目にあげられていた魚釣りも、大好きな川釣りをする時間的ゆとりが全然なくて欲求不満状態が長く続いている。

■憲法と平和のうたごえ

「わが憲法人生」よろしく「うたごえは平和の力」ということで、平和憲法を日常生活に活かすことを意識的に追求してきた私は、やはり一九七〇年代を皮切りにシンガーソングライターをふくめ、いわゆる歌手や作曲家の方々との交流がひろがり深まっていった。

私の記憶に間違いがなければ、七〇年代にはいり、初めて歌手と称する人と講演で行動をともにしたのは、いまは主として関西で活躍中の野田淳子さんである。

度重なる転居で、不覚にも日誌類をはじめ諸資料（写真もふくむ）を一切なくしてしまったために、最近、関西の知人を介して野田淳子さんの連絡先を教えてもらい、彼女に資料面での協力を求めた。

彼女も私とのコラボをよく覚えていて、早速次のような文面をFAXで送信してくれた。

「ご連絡ありがとうございました。なつかしく四十五年前の演奏日記をみました。一九七〇年九月十九日、宮城県石巻ではじめてフォークと畑田さんの学習協の集いがあり、それが畑田さんとの初ジョイントでした。次に一九七一年神奈川の七〇〇名集まった学習会でご一緒していきます。それから、十一月九日鳥取、十日境港、十一日米子、十二日倉吉とご一緒しています。お電話頂いて私の方こそ再確認できましてうれしいことでした」

野田淳子さんは几帳面に、詳細な日誌を書いているということも初めて分かった。とにかく、七〇年代初頭と言えば、労働者教育協会を中心とする大衆的学習運動の全盛時代であった。西の方では、関西勤労協が中心になって大阪市を中心に労働者の学習運動が極めて盛んで、扇町プールなどでは一万人の大学習講演会、いや、二万人集会といった大規模な集会が開催されていたのもそのころであった。

一九七〇年代から八〇年代にかけてのころは、私にとっては、後にふれるであろう海外旅行の機会も非常に多い時期であったが、やはり何と言っても、国内各地での学習講演会とセットで組まれたフォークソングの歌手の方々とのコラボの機会が、目立って多かったということだろう。それは平和憲法を活かすことに主眼をおいていた私が、「うたごえ」と「平和」との関係を重視していたということにも起因していたにちがいない。

そんななかでストレートに「憲法とうたごえ」を結びつけながら私との接触が始まったのが、シンガーソングライターのきたがわてつさんであった。

いまも、私には「きたがわてつ応援団名誉団長」という肩書きがついているのだが、その意味たるや決して軽いものではない。

最近になって、私は難聴のために、役員としての責任が果たせないという理由で、全国革新懇の代表世話人の役職を辞して顧問にしてもらったし、いま一つの全国組織である日本平和委員会の代表理事の役職も、同じ理由によってここ二〜三年前から辞任を申し出てきたところである。結局、私の社会的活動での肩書きとして残るのは、きたがわてつ名誉応援団長と「民主長野県人会」会長という二つのみになる。この二つは恐らく私が死ぬまでついてまわる肩書きということになるのではないだろうか。それほど「平和のうたごえ」と私との関係は深いと言えよう。

そもそもきたがわてつさんとの最初の出会いは、それこそ傾聴していただくに値する出来ごとがきっかけだったのである。

それもやはり一九七〇年代のある日のことであった。それについては、私が八十歳になった時に、全国の教え子や知人、友人が編集して贈ってくれた『畑田重夫先生傘寿記念誌　感動あれば生涯青春』（二〇〇三年十月、みずほ出版）にもきたがわてつさん自身が寄稿しているように、「悲惨な出来ごと」が初めての出会いのきっかけを作ってくれたのであった。

それというのは、七〇年代のある時、某私立大学の学園祭で、私が講演を、そしてきたがわてつさんがミニコンサートをやることになっていた。われわれ二人はちゃんと時間どおり会場に着いて、控え室で開始時間を待っていた。ところが、やがて主催者の学生がわれわれのところへやってきて、「申し訳ありません。学生が集まらないので中止にさせて下さい」というわけである。六〇年安保闘争をピークに、七〇年安保・沖縄闘争も思ったほどには盛り上がらず、当時のややしらけ気味の日本の青年学生たちの思想状況を反映していたのだろう。私は「中止」の連絡をうけても別に驚くこともなく悲観することもなく、極めて冷静に「さもあらん」という気持ちでうけとめた。きたがわてつさんはどう思ったか知らないが、とにかく、二人の初共演は無惨にも流れてしまったのである。

しかし、私はこのまま二人が別れてそれぞれ帰路につくのは余りにも空しいことだと思ったので、彼に近くの喫茶店で雑談でもしませんか、と呼びかけた。二人の意見が合致して、お茶を飲みながらの話は公私にわたる広範囲に及んだのであった。

前記の傘寿記念誌へ寄せた一文のなかで、きたがわてつさんは次のように書いている。

「その悲惨（?）な出会いがきっかけではありましたが、その後、私は畑田さんの『人生の弟子』と勝手に決めて、いろんなことを教えていただきました。特に日本国憲法前文の曲を作る時は、畑田さんにいただいたアドバイスが大きく役立って、二〇年以上歌い続けてこれたのも、たくさんの人にこの歌が愛されているのも、畑田さんのおかげだと心から感謝しています」

さて、あの「みじめな」出会いがあってからしばらくしたころだった。ある日の深夜、私は電話の呼び出し音に起こされた。受話器をとると、相手はきたがわてつさんである。彼いわく、「先日はいろいろとお話を聴かせていただきありがとうございました。実はぼく、憲法の前文に曲をつけて歌いたいと思っているんです。しかし、ぼくは東北の出身で、言葉になまりがあるん

こんな光景はしばしば見られた（きたがわてつさんと）

です。ぼくの発音で聴きづらいということにならないかというのが心配なんですが……」。

私が、「いや、大丈夫だと思いますよ」と言うと、彼は、「それではぼく憲法前文を全部音読しますので聴いていただけますか?」と言うのである。深夜のことでもあり、私は眠かったのだが、我慢をして彼が憲法前文を音読するのをだまって聴くことにした。聴いたところ、私は何ら聴きづらいことはなかったので、ぜひ作曲して歌うことをすすめたのであった。

その後、彼は、全国各地で日本国憲法の前文を歌いはじめたが、間もなく彼はあけび書房からソノシートを出したことがあった。その時も私がちょっとした解説記事を書いたこともあったし、全国のあちこちでの講演のなかでも、彼の「憲法前文」を聴くことをすすめて歩いたものであった。

彼は日本国内はもとより、ベトナムや韓国、アメリカ、キューバなど国際的にもひろく歌い歩いていたが、選曲にあたっては「憲法前文」や九条をはじめ必ず反核平和に関する歌をふくめているので、「憲法人生」を歩み続ける私にとってはまたとない名コンビだというわけである。「平和憲法畑田ゼミ」の集いにも参加して歌ってくれたし、私の米寿（八十八歳）の祝賀会でも熱意をこめて素敵な歌を披露してくれたのであった。

歌を手がかりに懇意にしてもらっているのは決してきたがわてつさんだけではない。佐藤光政さん、佐藤真子さん、梅原司平さんら数えあげればきりがない。最近亡くなった笠木透さんも忘れられない一人である。

佐藤光政さんとは、年一度の東京・品川の合唱祭でお会いしたのを手始めに、今日までずっとおつき合いをしていただいている。佐藤真子さんとは、彼女の結婚祝賀会にも招かれて出席したし、鎌倉をはじめそれこそ各地でのコンサートで心にひびく美声に耳を傾けたものである。お母さんが東京・日野を中心に革新懇の運動で活躍中であるのも、彼女との縁の深さの要因となっている。現在、広島で活躍中の作曲家高田龍治さんも親しみ深い知友のひとりである。「夢をもとう」という「畑田重夫原詞・小森香子作詞・たかだりゅうじ作曲」の歌があるが、その作曲も高田さんにお願いしたほどである。

9　ベトナム人民支援、アジアとの連帯を求めて

■偉大なのはベトナム人民だけではない

ちょうど一九七〇年代の半ばにあたる一九七五年、アメリカがベトナム侵略戦争で完敗した時、内外でベトナム人民の偉大さが強調されたが、私の見聞きした経験を通して言えることは、日本の労働者と国民がベトナム人民支援・連帯のたたかいのなかで示したすぐれた資質のことも忘れてはならないということである。

一九七〇年代を通して私が接触したのは主として労働者たちであったが、一般論として、労働者階級が、①連帯性・団結性、②組織性・規律性、③不屈性・持続性、④文化性・科学性、⑤未来性・楽天性、⑥戦闘性・革命性などというすぐれた資質をもっていることはいうまでもないのだが、私は一九六〇年代後半から一九七〇年代にかけて、特に日本の女子労働者たちがベトナム人民支援・連帯闘争のなかで示した、楽天性とユーモアに富んだ国際連帯行動のすばらしさはいまもって忘れることができない。

東京のオフィス街で働いていた女性労働者たちのことだが、平塚らいてうさんたちが提唱した「ベトナム母子保健センター」設立の呼びかけにこたえ、アメリカ帝国主義のベトナム侵略がもっとも残虐性を極めた一九七一、二年をピークに前後数年間にわたる募金活動にとりくみ、一九七四年八月に百万円を達成した。

その総括によると、女性らしくキメ細かな工夫をこらし、ねばりづよく募金活動を展開していた。たとえば、ベトナム関係のバッジ、シール、貯金箱、カレンダー、風呂敷の販売はもとより、ベトナム人民支援の大小さまざまなバザー、ダンスパーティーの開催および物品販売（シャンプー、スリッパ、エプロン、海産物など）、模擬店、スーパーなどでの端数金（おつり）や賃金袋の中の百円以下の端数をベトナムのカンパへ、あるいは、最近の新しい五円貨を「昭和三十年代発行の五円貨」にとりかえ、それをさらに古銭商へもってゆき高く買いとらせてベトナムカンパへなど、それはそれはものすごく多彩な活動をおこなっているのである。

私は当時こんな話も耳にした。最初コーヒー一杯分をベトナムカンパへという運動を呼びかけようとして、「コーヒーがまんデー」をつくったが、どうも不評で長続きがしなかったという。彼女たちの創意工夫はとどまるところを知らない。のちには、職制（上司）が、たえずお茶を飲みにゆこうと誘ってくるので、月に一回ぐらいはついていって、かれらにコーヒーをおごらせ、浮いたお金をベトナムカンパにまわす「コーヒーおごらせデー」にしようということになったというのである。

ここに私は、ある意味で、ベトナム人民以上にすばらしい日本の労働者の創造的な知恵とねばり強さと、そしてユーモアに富んだ労働者階級独特の楽天性を見出すことができると思ったものであった。全国的には、日本の女性たちが世界の女性と連帯して一億円のカンパ目標を達成し、ベトナム母と子保健センターに贈ったことが国際的に注目され話題となった。

■驚くべき私の海外での肩書き

私のプロフィールとして、国内では著作の奥付、論文などの肩書き、あるいは講演会などのチラシのうえでの紹介では、「国際政治学者」、「日本平和委員会代表理事」、「全国革新懇代表世話人」などが付せられるのが普通であった。

ところが、それが海外へ行くとどうなるのだろうか。もちろん、国内で用いられる肩書きで紹介されるケースがもっとも多いのだが、私自身がおどろくような肩書きで聴衆に紹介されることが何度かあった。

一つは、ある学術的な会議で旧ソ連へ行った時のことである。私の発言の順番がきた時、司会者が、「日本の代議士メーカーの畑田重夫さんを紹介します」とやったのである。あまりにも唐突のことだし、私自身一瞬何のことかと判断に苦しんだものだった。

それというのは、主催者側が、私の日本における社会的活動に関する情報を非常に詳しく承知していて、東京の大田区在住時代に、日本共産党の米原昶さん、榊利夫《さかきとしお》さん、岡崎万寿秀《ますひで》さんの三人の代議士（衆議院議員）の後援会長として、それぞれを国会へ送り出すうえで大きな貢献をした人間だということを参加者に紹介したかったらしいのである。これにはさすがの私もひとりで苦笑せざるをえなかった。せめて、「日本共産党応援団長」くらいの紹介ならさりげなく聞き流したのだろうが、「代議士メーカー」にはさすがに私も参った。

そもそも政党や候補者個人の後援会という組織そのものが、旧ソ連といわず諸外国にはどこにも存在していなかった。「政党」、「労働組合」、「平和委員会」（平和評議会）などはどこの国にも存在するのだが、「後援会」という名の組織となると外国にはまったくない。したがって、それを意訳して「代議士メーカー」と紹介したのである。ついでに言えば、民主商工会、すなわち「民商」といった組織も日本独特の組織であり、諸外国には存在しない。

「代議士メーカー」だけではない。これも旧ソ連に行った時だが、「日本共産党の国会議員のスポンサーである畑田重夫さんをご紹介いたします」という紹介を受けたこともあった。この時は、おどろいたというより恐縮することしきりであった。「スポンサー」とは、日本の常識や社会通念から言えば、かなりの「お金持ち」であって、団体とか個人の資金的バックになっている人間みたいに思われがちなのではないか。とんでもないことである。私は金にはまったく縁のない人間であって、研究費どころか、日常の生活費にも事欠くという「貧乏人」なのである。肩書きについてはまだ面白い話がある。一九七〇年代には何度かインドシナ三国（ベトナム、ラオス、カンボジア）を訪ねる機会があった。ベトナムで私がちょっとした講演をした時のことである。場所はハノイだったのだが、主催者が、「日本の安保の闘士畑田重夫先生をご紹介いたします」と述べたのである。

びっくりしたのは私自身であった。ベトナムの幹部や活動家たちの頭のなかには、一九六〇年の日本のいわゆる「六〇年安保闘争」のことがしっかりインプットされていたのはまちがいのない事実である。そのこと自体は私にもよく理解できたのである。なぜならば、ベトナム戦争において、一九七五年にベトナム人民がアメリカ帝国主義に完全に勝利したわけだが、その勝利の要因のなかの最大のものとして、「南ベトナム解放民族戦線」の結成とそれが果たした役割というのがあげられるのが普通である。

ところで、同戦線の結成の年月をみるとよく分かるのだが、何とそれは日本の「六〇年安保闘争」の年一九六〇年の十二月なのである。

ベトナムの幹部や活動家たちには、日本の労働者・国民の「六〇年安保闘争」に刺激を受け、励まされて南ベトナム解放民族戦線を結成したのだという認識が定着していたのである。それに加えて、すでに述べたように、女子労働者たちを先頭とする日本の労働者・国民のベトナム人民支援・連帯のたたかいが、フランスとならんで、世界でもっとも大きくベトナム人民を励まし、支援してくれたということが強く印象づけられているのである。

そんなわけで、一九七〇年代に日本からベトナムを訪れる者は、誰であろうと例外なく「安保の闘士」に映るといってもよい状態であった。しかし、私に関する限り、「安保の闘士」という肩書きをつけて紹介されるのは面映《おもは》ゆいにもほどがある。なぜならば、すでに書いたとおり、六〇年安保の時には、ほんの一度か二度だけ名古屋大学の学生たちとともに集会とデモに参加したにすぎず、私には「安保の闘士」という肩書きは絶対に当たらない。日米安保条約や安保体制について啓蒙的な著書をたくさん書いたり、新聞や雑誌に論稿を執筆したことだけはまちがいないのだが、それをもって、「闘士」と呼ばれるのはあまりにも似つかわしくないと思ったものである。

■なぜラオスが好きになったのか

私がラオスを訪れたのは一九七三年と一九七九年の二度であった。それはいずれも日本アジア・アフリカ・ラテンアメリカ連帯委員会（略称日本ＡＡＬＡ連帯委員会）が中心となって企画された旅であり、私は二度とも代表団の団長をつとめた。

インドシナ三国のなかでも、ベトナムはあまりにも有名であり、カンボジアもまたアンコールワットの遺跡で知られている。だが、ラオスとなると、特殊の人を除いて、それがどこにある国かも知らない人が多いというのが実情であった。

ベトナム・インドシナ戦争の期間中、ベトナム、ラオス、カンボジア三国人民の団結が強固であったことは、私が一九七三年のはじめにベトナム経由の陸路でラオスの解放区を訪れた時の見聞によってもたしかめることができた。一九七九年の二度目のラオス訪問の時には、オーソドックスなラオスへの経路、つまり、タイのバンコク経由の空路でビエンチャン入りという旅程であった。

ラオス訪問と言っても、ほとんどの人は首都ビエンチャンとその周辺を歩くという人が多いなかで、私たちの二度目のラオス旅行は、古都ルアンプラバンを訪れる「友好訪問団」というので、世話をしてくれた旅行会社としてもそれが旅行の目玉商品であり、セールス・ポイントだと自慢していたものである。

トランジットをふくめビエンチャンを訪ねた人は多いのだが、よく考えてみると、それはほとんどが革命前のビエンチャンへ行ったにすぎないはずである。革命前のビエンチャンと言えば、反射的に連想されるのが、ヒッピー、暴力団、阿片吸飲者、マリファナ吸飲者、売春婦、賭博、泥棒などの凶悪犯、乞食などであった。それほどまでに、旧ラオス時代のビエンチャンは、新旧帝国主義者による新旧植民地主義支配の悪のたまり場だったのである。

ホテルは鍵をかけて外出してもなお不安がたえないというほど治安も乱れていた。国際的に有名なジャーナリストであるバーチェット夫妻や日本の政治家の一人星野力《つとむ》さん（故人）など、旧ビエンチャンでの被害者は想い出すだけでも枚挙にいとまがないほどであった。

ところが、私が二度目に訪れたラオスは、一九七五年十二月を境に、すでに面目を一新した新しい人民のラオスだった。同行者のなかには、ラオスはおろか、外国旅行は生まれて初めてという人もふくまれていた。私には、そういう人が、訪れてみたラオスについてどういう感想をいだくのだろうか、ということも大きな興味と関心の的であった。

ＧＮＰで世界第二の経済大国（当時）の日本だが、ラオスは、ゆたかな天然資源にめぐまれているにもかかわらず、まだまだ経済的にも社会的にもおくれている。表面的にみれば、何とおくれた国だろうということになりかねない。しかし、大切なことは、すべて物事を変化と発展の姿においてとらえなければならないというのが弁証法の哲理である。

過去は現在の光によって照らし、現在は過去の光によって照らすことによって初めてよく理解できるのである。われわれのラオス旅行は、この基本的な観点を保ちながら日程が順調に消化されていった。

前後二回ラオスを訪問して、私をふくめ同行者の全員が一人の例外もなくラオスという国にこのうえなく親しみを覚えて、「ラオス大好き人間」になったのであった。一回目に同行した弁護士の上田誠吉さん（故人）のごときは、あまりにもラオスが好きになり、帰国後直ちに、みんなに日本ラオス友好協会を設立しようではないかと呼びかけたほどであった。事実、日本ラオス友好協会が早速組織され、会長には元東大教授の西洋史家江口朴郎《ぼくろう》さん（故人）が就任することを快諾してくれ、理事長には私が選任された。在日ラオス大使館も非常によろこんでくれた。

顧みれば、一回目のラオス訪問の時、解放区で開催されたメーデー祭典に唯一の外国代表団としてわれわれ日本からの一行が招待され、山林のなかでおこなわれた解放区内でのメーデーの実際を見聞することができたのは得がたい体験であった。

最後にまとめとして、なぜそんなにまでもみんながラオスという国に魅せられたのだろうか、あらためて考えてみた。外国人であるわれわれを、すべてが素朴ながらも、うれしそうに、心をこめて歓待してくれる、その姿に強く打たれるものがあったのはいうまでもない。

ラオスという国は、上座部《じようざぶ》仏教の国であり、街を歩いていると、必ずオレンジ色の僧衣をまとった子どもたちの姿がやたらと目につく。また、シンと言って、日本でいえば腰巻きのようなスカートを下半身にまとっている女性たちのやさしさも、日本人には強く印象づけられたものである。

上座部仏教の国だからなのだろうが、たとえば蚊が手にとまったとしよう。われわれだったらパッとたたいて蚊を殺すところなのだろうが、ラオスの人たちは、「人間の生命と同じように、すべての生物の生命というものはこのうえなく尊いものであるから、蚊も殺すわけにはゆかないのです」と言いながら、蚊を「フー」と口でふいて除けるのである。この生命ほど大切なものはないという思想が、加害、被害の別なく、人の生命を奪う戦争という最大の暴力に絶対反対というラオスの人たちの、平和愛好主義の思想や行動の源泉となっているのであろう。

今でも、私は、「世界でいちばん好きな国はどこですか?」と尋ねられれば、間髪を入れず、「ラオスです」と答えることにしている。ところが、残念なことに、一緒に日本ラオス友好協会づくりに力をつくしてくれた江口朴郎さんも上田誠吉さんもすでに亡くなっていて、生存している私も平和委員会を中心とする平和運動や革新懇を中心とする政治革新の運動に忙しくなったうえに、財政上の困難も伴って、いつしか日本ラオス友好協会は自然消滅同然になったままになっている。これは、日本朝鮮研究所についても同じことが言えるのであって、私自身、大きな責任を痛感しているところである。

■西サハラで「月の砂漠」を歌う

五十五歳以後は健康上の配慮もあって絶対に海外旅行はせず、旅行は国内のみに限るという信条を堅持してきた私であった。ところが、それに関しても一つだけ例外があった。

時は一九八九年の二月のことであった。元衆議院議員の金子満広さん(故人)が一九八六年に

サハラ砂漠で子どもたちと（1989年２月）

訪れた国にサハラ・アラブ民主共和国という国があるが、その金子さんとともに、東京の下町で民主的な運動にたずさわっていた大久保雅充さんという活動家がいた。彼は日本ＡＡＬＡ連帯委員会とも緊密な関係を保っていた。金子さんの影響もあったのだろうが、その大久保さんを中心に、サハラ・アラブ民主共和国へ水をくみあげるポンプを贈ろうという運動が広がり、カンパでかなりのお金を集めていた。

そういうなかで、当時日本ＡＡＬＡ連帯委員会の代表委員であった私に、どうしてもサハラ・アラブ民主共和国への訪問団の団長として行ってほしいという話がもちあがった。「外国旅行は五十五歳まで」と決めていた私は、その要請を非情にも頑としてことわり続けた。年齢は六十代の後半、七十歳も近いという時である。

しかし、「地球上でもっとも困難な条件と状況のもとで、民族自決権確立のためにたたかっているアフリカの仲間たちへの連帯と救援の手をさしのべるのは、日本AALAとしての神聖な任務に属する」と言われてみると、いくら頑迷な私もついに断わりきれず、この旅に出かけることを決意せざるをえなかったのである。行ってみて、たしかに学ぶこと、訓えられることは非常に多かった。

帰国後に刊行された報告集（パンフレット）に私は次のように記している。

「あと十一年で二十一世紀という一九八九年。この歴史的時点で世界一の債権国日本の首都東京から、まだ通貨もないサハラ・アラブ民主共和国を訪ね、約一週間、ラジオ・テレビ・新聞はもちろんのこと、風呂もない生活を送りえたことは、またとない貴重な体験であった。まさに、緑が失われつつある〝東京砂漠〟からほんものの砂漠への旅だったわけである」

この国は、モロッコとたたかい続けるポリサリオ戦線によって指導されつつ、完全な民族独立を目指してたたかっているさなかであった。われわれが贈ったポンプ代としてのカンパは、非常によろこばれたのは言うまでもない。砂漠の上でテントを張って生活をしていた女性たちが、「日本」とか「東京」と言っても何の反応もみせてくれなかったのだが、「ヒロシマ」「ナガサキ」と言ったとたんに、日本の代表団だと分かってくれたのがとてもうれしかったのを記憶している。

砂漠の上での数日間の生活はたしかに身にこたえたが、そんな苦労や疲労をふきとばすような心あたたまる想い出もつくることができた。それというのは、見渡す限り砂だけという広大なサハラ砂漠の上で、らくだこそいなかったが月がこうこうと輝く夜空のもとで、われわれの一行が日本でも有名な「月の砂漠」を合唱したのである。

こうして合唱したのがあまりにもロマンティックで痛快だったので、われわれは調子づいて、翌日、テントのなかの女性たちにもこの歌をうたってあげた。歌の意味は全然分からないながら、彼女たちも非常によろこんでくれて、一挙に日本代表団の人気と株があがったのであった。

どこの国へ旅をしても、「日本国憲法」の前文に言うところの、「日本国民は、恒久の平和を念願し、人間相互の関係を支配する崇高な理想を深く自覚するのであって、平和を愛する諸国民の公正と信義に信頼して、われらの安全と生存を保持しようと決意した」という文言が私の頭から離れることは一時もないのであった。

10　二度の都知事候補者

私のこれまでの人生のなかでももっとも大きな転機の一つとなったのは、東京都知事選挙を候補者として二度たたかったことである。

■思いがけない立候補の要請

私はそれまで一貫して、学問研究とその成果の普及（講義・講演、著書、論文の執筆）の仕事にとりくんでいた。もちろん、その間、国政・地方政治関係の選挙における革新系候補者の応援演説の弁士をつとめたこともあるし、個人や政党の「後援会会長」の役を引き受けたことも一再ならずあった。どんな場合も、候補者を推薦したり応援したりする側に立って少しでも日本の政治革新のお役に立てれば、という立場を貫いてきたのであった。

ところが、忘れもしない一九八七年二月十七日の午後二時過ぎのことであった。大田区の自宅の書斎で原稿執筆にとりくんでいたところへ突然の訪問客である。その客というのは、都内四十九団体からなる革新都政の再建をめざす各界連絡会の方がたであった。四月の都知事選挙に候補者として出馬していただけないか、という正式の要請なのである。

正直言って、びっくり仰天である。報道や人づてに、革新系の候補者選びが難航しているということは私も承知はしていたし、候補者の決定がこんなに遅れていいのだろうかと心配もしていたところであった。そこへこともあろうに、私に都知事選挙への出馬要請があるなんて、ほんとうに夢想だにしないことだったのである。

もちろん、即答はできるはずもなかった。私自身の今後の人生設計にもかかわってくることなので、慎重に考えたいという気持ちが強く働いたことはいうまでもなかった。中央官庁や大学の職を辞する時も、例外なく妻の合意を得るまでにはかなりの時間と労力を必要とした。しかし、名古屋から東京へ引きあげて以後は、月給やボーナスのような定収がまったくない生活のなかで、生活費や研究費を自力で確保しなければならないという必死の生活を続けてきた関係上、われわれ二人はまるで〝一心同体〟のような状態になっていたため、この出馬要請にどうこたえるかは、妻との相談というよりもすべてが私の一存にかかっていた。

相手は三期目をめざす現職の鈴木俊一知事であるし、当時の最大野党の社会党は参議院議員を三期もつとめたというベテランの政治家和田静夫氏が立候補を決めていた。そんなところへ、メディアからは完全にしめ出されていて知名度皆無の私が立候補しても、苦戦はまぬがれないということはほぼ察しがついていた。四年前（一九八三年）の選挙では松岡英夫さんというジャーナリスト出身（元毎日新聞論説委員）の方が社共の統一候補として都知事選挙をたたかっていたし、さらにその四年前（一九七九年）には太田薫さんという元総評幹部の方がやはり社共の統一候補であった。ところが私が出るとしても、それは社共が統一候補を立ててたたかうという体制がくずれて初めての都知事選となるわけである。

普通に考えれば、「はじめから勝算のない選挙に出る馬鹿があるか」ということなのだろうが、私にはそんなこととは無関係に特別の事情があった。私はその当時も、よく労働者たちから求められるままに色紙に、「夢と勇気」という言葉を書いて贈っていた。自分の講演を聴いてくれる人たちや、本や論文を読んでくれる人たちに対して、「夢を持て」ということと、その夢を実現するためには「勇気」が大切だと説き続けてきた立場上、私自身がこの出馬要請を断ることが許されるのかどうかの状況判断と「決断」を迫られたのであった。

熟慮熟考と総合判断のすえ、私は出馬要請をうける「決断」をした。その時の心境を、直後の九段会館での集会における「決意表明」の時に次のように語ったのであった。

「出馬要請をうけた時、まず目の前に浮かんだのは今は亡き学生時代や軍隊時代の友人たちの群像でした。彼らは今は語ることができませんので、生き残った私がやはり語りもし、行動もしなければならないと思いました。同時に、じっくり今の情勢をあらためて考えました。そのうえで、私が歩んできた道をふり返りつつ、いま、多くの団体の皆さんから推薦をうけるということがどんなに光栄なことかと考えました。そして、いろんなことを総合して考えたすえ、出馬要請の受諾を決断したのであります」

およそたたかいにはすべて勝者があり、敗者があるものである。選挙も同様である。したがって、勝ち負けは問題ではなく、今日の情勢のもと、自分が立ちあがるのは亡き学友たちへの私の友情の使命であり、一人の社会科学者としての責任でもあるという、そういった友情とか使命感みたいなものが先走っていた。しかし、しばらくすると、私のそういう考え方が早くも変わっており、もっと前進していた。

というのは、その日の夜から、恐らくテレビやラジオの放送で全国の方がたが私の出馬を知ったのだろうと思う。電話は鳴り放しであった。翌朝にかけて、もう電報、レタックス、そして翌日も翌々日も、速達便、封書、ハガキなどが、続々と舞いこんでくるのであった。そういうなかで、いつしか私は、勝ち負けはどうでもいいんじゃなくて、「たたかう以上は勝たねばならない」というように考え方が変わっていった。

かねて、東京の知事選挙というのは、世界の三大直接選挙――アメリカの大統領選挙、ニューヨークの市長選挙、そして都知事選挙――の一つだと聞いていたが、全国の人びとの私への期待の大きさを肌で感じた時、あらためて東京都知事選の重大性を実感したのであった。

私は生来不器用な人間で、いくつもの役職や仕事を同時並行的にこなせるタイプの人間ではない。したがって、都知事候補と決まった以上、候補者としての仕事に専念すべきだと考え、直ちに労働者教育協会の会長職と勤労者通信大学の学長職の辞任を申し入れて、了承を得た。そして、やる以上は当選するまで候補者としてたたかい続けるのが私の性分や信条に忠実な道だということにおいても気持ちの整理がつき、すべてがすっきりした。

■井上ひさしさんが飛び入りで応援演説

時はというと日本国憲法施行四十周年、日米安保条約発効三十五周年、地方自治法施行四十周年という節目の年一九八七年の春。いっせい地方選挙のなかでの首都東京での政治戦であった。

中央政治はとみれば、かねて「戦後政治の総決算」をかかげ、政治手法も官邸主導のトップダウン型をめざしつつ、ロン・ヤス関係といってアメリカのレーガン大統領と個人的に親しい関係のうえに日米安保体制を強化してきた中曽根政権時代であり、とくに前年の一九八六年七月の衆参同時選挙で自民党に三百議席を超す記録的大勝利をもたらし、一年間の特例的な続投ということになったところだったが、選挙公約を破って売上税の導入をはかり、国民の不信を買っているさなかであった。

都知事は典型的な官僚といわれた旧内務省出身の鈴木俊一氏である。一九三三（昭和八）年東大法学部卒業と同時に内務省に入り、いわゆる満蒙開拓団の名で日本の農民たちを「満洲」へ送りこむ仕事にもたずさわったという経歴の持主でもある。

中曽根首相は「小さな政府」「民活」「規制緩和」といったネオコン（新保守主義）の立場を貫いてきたが、鈴木知事は、「都政の管財人」と自ら任じて、破産寸前の都財政の再建に辣腕《らつわん》をふるって「東京大改造」をめざし、長期計画・マイタウン構想を発表していたし、その一環として、有楽町にあった都庁舎を新宿の副都心へと移転を計画していた。

私は、国や都の動向を見とどけたうえで、それこそ「憲法人生」よろしく、「第一に、憲法を都政に生かし、都民参加を貫き、公正な都政をすすめます。第二に、都民のいのちとくらしを最優先にしたあたたかみのある都政をすすめます。第三に、都民の暮らしと安全には平和が不可欠であり、都民とともに核兵器廃絶、軍事基地撤去の運動をすすめます」という三つの基本姿勢を明らかにしたうえで、街頭演説などでは、「中曽根売上税反対」「老人医療費無料化」「大幅黒字の水道料金の引き下げ」「非核平和都市宣言をただちにおこなう」「すべての軍事基地の撤去を」などを訴えた。

私の推薦者としては、井上ひさし、太田薫、丸岡秀子、飯沢匡、丸木政臣、岡倉古志郎、花沢徳衛、森村誠一、山田洋次、松谷みよ子、不破哲三らの諸氏が名前を列ねてくれた。

選挙戦のなかでの想い出に残ることは、たとえば四月四日の午後、明治公園で、二万人が参加して「ふたたび革新都政をめざす会」の政談演説会が開かれた時のことである。この集会は、

「都知事選の候補者畑田重夫を励ます会」だったわけだが、ハプニングとサプライズを一緒にしたようなことがあった。それというのは、会のプログラムの中の進行表には全然なかったのだが、突然夫人同伴の井上ひさしさんがあらわれ、「飛び入り」のスピーチをおこなったのである（スピーチの全文は一九八七年四月五日付の「赤旗」紙に掲載されている）。

そのスピーチの一部を紹介すると、

「きょうは飛び入りですので、すぐ引っ込みます（笑い）。私は、去年のはじめぐらいから、それまでなんとなく心を寄せていたある政党にだんだん愛想をつかして現在にいたるというようなことになっています。その理由は、〝ある政党〟がほとんど与党に近い野党だというのがわかってきて、本当の野党は今一つじゃないかと思いまして（拍手）、重心を本当の野党の方に移してきたんです。本当の野党に近づくのは普通人にとってはたいへんヤバイものでして、なかなかインテリは本当の野党の方に近づかないんですね。僕はインテリではありませんので、〝強引に〟近づいているわけですけれども。（中略）

僕が生まれた山形では知事のことをチズ、地図のことをチジというんです。畑田さんにきょうはっきりとお目にかかりましたが、奥さんとジャンケンで名前を決めるとか、野球がたいへん好きとか、普通の候補者と違いましてちょっと人間的な魅力、ほとんど弱点に近い魅力といいますか（笑い）、そういうところをたくさんお持ちの方のようで、そういう方にこそ東京都のチズ

（知事）を塗りかえていただきたい。ひじょうに魅力のある方を知事にしていただきたい。われわれの力を、皆さんの力をはっきり相手方に思い知らせる。印象づける選挙であってほしいと願っています」

ユーモアに富みつつも、候補者である私はもちろん、参加者のすべてを激励する非常にユニークかつ印象的な〝応援演説〟であった。

また、選挙期間中のある日、世田谷区内の街角での街頭演説をやっていたところ、聴衆の中に俳優の滝沢修さんがおられて、私の演説に耳を傾けてくださったのである。滝沢さんと言えば、私が日本の数ある俳優さんのなかで最も高く評価し、尊敬している方だった。その滝沢さんが何の予告もなしに一般の聴衆の中の一人として参加しておられたのだが、〝ウグイス嬢〟をつとめてくれていた女優さんが、滝沢さんだと気づき、私に耳うちして教えてくれたのであった。時間と場所の関係上、私は滝沢さんには何の挨拶もせずにそのまま次の演説ポイントへ向かった。たしか、その二、三日後のことだったと記憶しているのだが、こんどは新宿の駅頭でやや大規模な街頭演説をおこなった時のことである。すると、今度は、カメラを持って、大型宣伝カーの間近の真正面にまた滝沢修さんがいるではないか。私はびっくりしたし、恐縮極まる想いがした。それだけではない。実は、その滝沢さんが、その日、自宅に帰って徹夜で新宿駅頭での私がマイクを握っている写真を現像し、それを速達便で私の自宅へ送ってくれたのである。

私は、劇団民藝で短期間俳優教室での講師をつとめただけで、見るべき貢献や協力はした覚えはないのだが、民藝の中心的な俳優さんからこんなにも心のこもった激励をうけるなんて、それを機会に、あらためて「俳優滝沢修」の人間味豊かな側面を見た思いで、まさに選挙戦が生んだ想定外の出来事であった。

井上ひさしさんや滝沢修さんのような有名人だけではない。私の選挙のために陰ながら貴重な協力・貢献をしてくれたハイヤー・タクシードライバーのことも忘れられない。

私の推薦団体「ふたたび革新都政をめざす会」は、候補者である私の移動のために、あるタクシー会社に期間限定で契約を結んでくれたので、毎日決まった時間にタクシーが私の自宅まで来てくれることになっていた。ドライバーは二、三人の交替制だったが、そのなかの一人に非常に誠実で協力的なドライバーがいた。交通渋滞のために候補者が次の街頭演説の場所へ到着するのが遅れることがあるというので、実は、その一人のドライバーは前日にリハーサルというのか、コースをきちんとたしかめるためにわざわざ自分の車でテスト運転までしてくれていたという。こういう感動的な話はほんの一例にすぎないのだが、選挙事務所のすべてのスタッフはもちろん、宣伝カー、候補者カーの車長、運転手、ウグイス嬢など多数の人びとの協力のもと、無事選挙運動を終えたのが四月十一日の午後八時であった。

翌十二日が投開票日だったが、残念ながら当選することはできなかった。十数名の候補者中、私の順位は第三位であったが、当選は、自公民推薦の鈴木俊一候補、第二位が社会党公認の和田静夫候補であった。

告示日直前に出馬が決まったというだけではなく、知名度で劣る私に、約七十万の方が投票してくださったことの重みを痛感せざるをえなかった。私の敗北が決まった直後から、また全国から電話、電報、手紙などの第二波がおしよせてきた。労をねぎらうという趣旨のものが圧倒的であったが、病弱で有名だった私が元気に最後までたたかうことができたことを喜ぶというのが、非常に多かったのが印象に残った。「奥様、ご苦労さまでした」という妻への慰めと励ましの言葉も私たち夫婦を力づけてくれた。「努力と大義の芽は、いつの日か、花咲きます。大輪になります」という労働学校の教え子の手紙も私たち夫婦を励ましてくれたし、「畑田、畑田、旗ふりかざし、わが八十の春逝かんとす」と詠んだ一老婆の速達便も私の胸を打った。

結果は鈴木保守都政の継続を許すことになったが、われわれにとっては深い教訓の数々を得た選挙戦であった。「候補者畑田重夫」の地名度の低さをふくむ力不足のために、多くの個人、団体の総力をあげての奮闘に報いることができず、申しわけない気持ちで一杯であった。しかし、私としては、力の限り全力でたたかったので悔いはまったくなく、気分的にも極めてさわやかな「敗北」であった。

■都政問題研究所の設立と二回目の挑戦

私を激励し、支援してくださった方がたも、当然のように、私がひきつづき候補者として活動を続けるものと信じきっているということが、私にはよく分かっていた。その期待にはぜひこたえなければという気持ちは、当然私の中にもあった。一度立候補を決定した以上は、当選するまで何度でもくりかえしたたかい続けるというのは私の信条にぴったりであった。大方の人びとの暗黙の期待と願いにこたえて、私はひそかに二度目の挑戦の決意を固めていたが、一度目の政策協定を交わした「ふたたび革新都政をめざす会」も私の再度の挑戦を当然視していた模様である。

そういう雰囲気のなかで、一九八七年十月、「畑田重夫都政問題研究所」を設立することになった。一回目の選挙の時に、「私が都知事になったならば、真っ先に、非核平和東京都宣言を全世界に向けて発信します」と訴えた時の拍手の大きさを忘れることができなかったということもあり、私は、この研究所設立にあたって「長年研鑽を重ねて参りました国際政治の知識や経験を十分生かし、諸国人民の友好と連帯という意味での国際的視野に立って東京を見なおす機会にしたいと念願しています」という見解を発表した。

もちろん、この研究所設立の目的は、東京のゴミ問題、交通問題、住宅問題、医療・介護・保育などについてはまるで門外漢であった私が候補者であるという、「わが陣営」の弱点を補強するという意味合いがもっとも強かったわけである。人びとは、いわゆる東京問題には素人の「国際政治学者の畑田さん」が、この研究所をよりどころに四年間、みっちり東京問題のすべてを勉強してくれれば「畑田都政」実現の夢をかなえる日が近づくのではないか、という希望的観測をする人が少なくなかったようである。

私はこの研究所を拠点として、四年間みっちり東京に関するあらゆる問題について調査・研究をした。そして折にふれて機関誌紙も発行した。専門家の協力も得たし、所のスタッフも精力的に所長の私を助けてくれた。一九九一年の春には、研究所四年間の調査活動の成果の一端として、『東京を創る人びと――ルポルタージュ風東京論』（あけび書房）も出版して、次の選挙戦に備えた。

一九九一年の春四月。私にとって二度目の選挙への挑戦の時であった。

二度目なるがゆえに、心構えも、準備も一回目と大きく違うのは当然であった。前回と違って、立候補の名のりをあげたのは今度は私が一番早かった。普通に考えれば、前回は一～二カ月の準備期間しかないというあわただしい立候補にもかかわらず、約七十万の人の票を得たのだから、今度は票も前回をはるかに上回るにちがいないとは誰もが予想することだろう。私自身もそれに近い見方をしながら二回目の選挙をたたかった。

都知事候補として都民に囲まれて手をふる筆者（91年２月）

二回目の選挙の候補者と言えば、まずは四期目をめざす現職の鈴木知事に対し、今度は自民党が独自候補として当時「ミスターＮＨＫ」といわれていたＮＨＫの看板キャスター磯村尚徳氏（六十一歳）を候補者としてかつぎ出してきた。野党第一党の社会党は、中央大学の教授大原光憲氏（六十四歳）を候補者に立ててきた。立候補者数はやはり前回同様十数名の多きにのぼったが、その中には歌手・俳優の内田裕也氏とか、国際発明協会会長・ドクター中松こと中松義郎氏、会社社長浜田マキ子氏などもふくまれていた。

私の場合は、前回同様無所属の立候補だが、政党として支持し、応援をしてくれたのはやはり日本共産党のみであった。不破哲三委員長（当時）をはじめ同党国会議員をふくむ幹部の皆さんが街頭での応援演説に力をこめてくれたのはもちろんのことであったが、同党の書記局長（当時）の志位和夫さんは、告示日に先だつ二月七日、「東京に春を呼ぶつどい」（日比谷公会堂）において、つぎのような推薦の演説をしてくれた。

「畑田さんは、世界平和をめざし、行動する国際政治学者として広く知られている方です。みずから平和運動の先頭にたちながら、日米安保条約の問題などについて、多くの著書を書かれております。私も学生運動のころは、畑田さんの書かれた安保の本をつかって学習をしたものです。まさに平和運動の第一人者です。（中略）『現場こそ政策の宝庫』ということをモットーにされて、都内をくまなく歩き、つねに都民とともにすすんでこられたのが畑田重夫さんです」（「赤旗」日曜版一九九一年二月十七日付・別刷り）

多くの方がたの期待と激励にこたえるべき候補者の私も、前回におとらず全都をかけめぐり、精一杯公約の政策を説明しながら支持を訴えた。ところが選挙の結果は、順位こそ前回と同じく第三位であったが、得票数は何と前回より激減して四十万票台ではないか。これはどういうことなのか、とは誰もが思ったことだろう。

選挙について、私はかねがね経験豊かなベテランの選挙通の人から、勝利のための三要素として、①候補者　②政策　③組織の重要性を説き聴かされてきた。しかし、今回の自分の選挙を見て、三要素ではなく、④として「時の内外情勢の流れ（潮目）」をあげなければ不十分ではないのか、という教訓を学ぶことができた。

というのは、ソ連が名実ともに崩壊したのはこの選挙のあった一九九一年の十二月のことであったが、すでにソ連の崩壊は必至だということで、いわゆる「ソ連崩壊論」や「社会主義ダメ論・資本主義万歳論」が各国の国民世論に影響を及ぼしていたさなかであった。今回の都知事選の候補者のなかで、この「社会主義ダメ論」の影響をもっとも大きく受けたのが畑田候補であったことはまちがいのないことであった。そうでなければ、畑田票の前回比の減り方を理解することは絶対にできないと思ったものである。

私は当選こそ果たせなかったが、健闘の結果、いくつかの興味ある現象をみることができた。その第一は、野党第一党の社会党の大原候補が畑田候補に負けたことの責任をとって、土井たか子委員長が党首を辞任したということである。土井委員長は、大原候補が悪くても三位にくいこむことができると信じこんでいたというのである。ついでに言えば、この選挙では自民党がかついだ磯村候補が当選できなかったことの責任をとって、小沢一郎氏が自民党の幹事長を辞任した。この選挙は、二つの政党の最高幹部の首に影響が及んだ選挙として、選挙通の人間の間では歴史的にも有名な選挙となったのである。

もう一つ面白い話がある。私は、四年間の都政研究の結果、政策的な論戦ではどの候補にも負けないという自信をもって臨んだ。そのため、磯村候補などは、テレビ討論会の席上で、何回となく「畑田さんが言われたとおり……」とか、「畑田さんが言われたように……」という言い方をしたものであったし、ある女性候補のごときは、テレビ局の控室での雑談のなかだったが、全候補者の前で、私に向かって、「畑田さん！　畑田さんが都知事になったら私を副知事にしてくれませんか」と半ば冗談めいた発言をしていたほどだったのである。

当時のスポーツ紙は、ある日の有力候補者によるテレビ討論を、「政策」「話術」「表現度」「ファッション」の四つの角度から採点した総合評価の結果を報じ、Aは畑田候補一人のみで、鈴木、磯村、大原の三候補はすべてB、内田候補はCという状況であった（「スポーツニッポン」一九九一年三月二十八日付）。それだけに、私は「時の流れ」（潮目）というものが、選挙には大きく影響するということに確信をもつようになったのであった。

■都知事選公約に大きな反響が

二度にわたる都知事選に共通して候補者の私がかかげた公約は、「私が都知事になったら、東京を『非核平和のまち』にする」というものであった。

選挙であるから、候補者としては、くらしや福祉・医療など、その時の都民の切実な諸要求に関する公約をかかげるのは当然である。それだけにとどまらず私の場合は、青年・学生時代の深刻な戦争体験を持っており、戦後一貫して国際政治の分析の仕事にかかわってきたという特殊事情から、たえず反核・平和運動にエネルギーを注いできたということもあって、日本の首都東京を「非核・平和の都市に」というのは私の夢の一つだったのである。

「夢は大きければ大きいほどよく、行動はあくまでも着実に」とか、「志は大きく、姿勢は低く」といった言葉を若い人たちに書き贈ってきた私自身が、「日本の首都東京が変われば日本が変わる」という大志をいだいて、都知事選に臨んだのはいうまでもない。

そんなわけで、選挙の時は、東京の新宿とか、渋谷や池袋とか、あるいは有楽町などで宣伝カーの上から候補者としての演説をしばしば行ったのだが、そのさい、「皆さんのご支持を得て私が都知事になったら、都庁舎の屋上から全世界に向かって高らかに『非核平和東京都宣言』をおこないます」と述べたのだが、その時の聴衆の拍手の大きさをふくめて、その反応ぶりのすごさがどうしても忘れられなかったのである。これは、二十一世紀の今日になっても忘れることができず、私の耳と目に焼きついていて離れることがない。

都知事選では二度とも残念ながら当選を勝ち取ることはできなかったが、その時の「公約」は、当落に関係なく守るべきだと自分に言いきかせていたものだから、この都知事選の経験は、その後の私の生き方に絶大な影響を及ぼすことになったのである。

いったん立候補を決意した以上は、当選するまで何度でも挑戦するという私の気持ちはその後も不変であったが、四年後の三度目の選挙の直前、ドクターストップによって立候補を断念せざるを得なかった。「健康と生命に勝る大義なし」をモットーとする私は、残念ながら医師の指示を無視することはできなかった。やはり、都知事選の候補者活動というものは、肉体的にも精神的にも想像を絶するほどエネルギーの消耗を強いられるものなのか、としみじみそう思う。

11　平和と政治革新の新たな運動に

■反核と政治革新をめざす団体への急接近

私は、都知事選の前から、首都東京のさまざまな民主団体とは多かれ少なかれ接触を持っていた。そうでなければ、多くの団体からの立候補の要請が私のところへよせられるはずもなかったわけである。しかし、一回目の都知事選（一九八七年春）以後の私の東京の反核平和運動と政治革新の活動へのかかわり方は、半端ではなくなった。もちろん、そういう社会的実践と並行して、国際政治学専攻の学徒としての平和問題や国際情勢などに関する研究や執筆活動も、積極的かつ精力的におこなったものである。たしかに傘寿（八十歳）の時の記念誌『感動あれば生涯青春』（みずほ出版）のなかに収録されている私の主要著作一覧を見ても、やはりこの時期の単行本の刊行や論文執筆がきわだって多いように思われる。

さて、どうしても忘れがたいのは、「平和・民主・革新の日本をめざす東京の会」（以下東京革新懇と略す）と、「原水爆禁止東京協議会」（以下東京原水協と略す）の二組織とのかかわりと、そのなかでの想い出の数々である。

私が初めて接触を持ったころの東京革新懇は、直木賞作家としても知られていた藤原審爾《しんじ》さんの清新な息吹きが生き生きとただよっていた。ジャーナリストの松浦総三さんや作家の小中陽太郎さんらが出入りする姿もよく見かけたものであった。都知事選のあとは、私も同組織の代表世話人の一人に名を列ね、首都東京での政治革新の事業に情熱を傾注したものであった。

東京革新懇の初代事務局長は山室勝司さんで、二代目が「国民学校一年生の会」の高岡岑郷《しんごう》さんであった。高岡さんは、私の二回目の都知事選（一九九一年）の時には選挙事務長をつとめてくれた。さびしいことに、この二人はこの世にはいない。その後、時代も変わり、事務局長は、高岡さんのあと、松元忠篤さん、新堰義昭さんを経て現在は今井文夫さんがその要職についている。

東京革新懇の事務局には、人びとが「東京革新懇のマドンナ」と呼んでいた角倉洋子さんという活動家がいた。彼女の経歴を知ってなるほどと思ったのだが、全損保千代田支部の書記局から、東京革新懇という組織の存在意義の重大さを自覚して転身を決意したそうである。その話を聞いた時には、代表世話人の一人である私などは大いに励まされ、自己の責任の重大性への自覚を促されたものである。

東京革新懇のきわだった特徴の一つに、「人間講座」という企画がある。それこそ、「いまほど人間について考えなければならない時はない」という藤原審爾さんの肝いりで始まったそうだが、同講座には映画監督の山田洋次さんや故井上ひさしさんらが問題提起者として参加していた。私もずっとあとになってのことだが講師として招かれ、若い人たちとの情報や意見の交流と懇親を深めるという貴重な経験をさせてもらったことがある。

東京革新懇では、私のあとのもう一つあとの都知事選に革新の候補者として奮闘し、のちに全国革新懇の代表世話人会議でも席をともにした故三上満さんも長い間代表世話人として活動をしていた。

この東京革新懇は、東京から鎌倉を経て今は静岡に居住している私のところへも、いまだに連日のように「FAXニュース」を送信してくれるが、それを見ると、安倍独裁政権のもと、うまずたゆまず政治革新のためにたたかい続けている姿が手にとるように分かる。実に頼もしい限りであり、心づよく思っているところである。

いま一つ、それこそ私の都知事選における公約の実現のための本命の組織ともいうべき、東京原水協との関連にふれないわけにはいかない。首都東京を非核のまちにしたい——この念願こそ私の執念であり、ライフワークと言ってもさしつかえないほどの重みを持つものであった。

東京在住時代は、自宅から池上線で五反田へ出て、JR山手線で、さらに一九九三年に鎌倉へ転居してからのちは、自宅からモノレールで大船へ出て、そこからJR横須賀線もしくは東海道線に乗り換えて上京、まるで専従役員のようにほとんど毎日のように東京原水協の事務所へ通ったものである。

当初は事務所が神田にあったが、その後、大塚に移った。いまも非核の政府を求める東京の会その他で大活躍中の、柴田桂馬さんという事務局長がいた。代表理事であった私は、柴田事務局長に支えられ、二人の名コンビよろしく、何回となく広島や長崎で毎年度開催される原水爆禁止世界大会に東京代表団を統率して参加したものである。約千人に及ぶ大代表団であるから、ＪＲとの折衝、現地での宿泊の手配など、実に複雑で面倒な仕事だったが、柴田事務局長をはじめとするスタッフたちは、猛暑のなかグチもこぼさず黙々としてこなしてくれた。その姿を代表理事であると同時に代表団の団長をつとめていた私は、いつも頭のさがる思いで見ていたものである。いまは、事務局長が柴田さんから石村和弘さんに代わっているが、首都の反核・平和組織として、日本原水協とともども重大な役割をになって大活躍中である。

この東京原水協との関係では、私にとって生涯忘れることができない重大な想い出があることにふれないわけにはいかない。

■「アピール署名」にまつわるドラマ

核兵器のない世界を望みつつ行動をした人びとにとっては忘れることができない、通称「アピール署名」と言われたスケールの大きな国際的署名運動があった。それは六十四〜五ページでも述べた「ストックホルム・アピール」の署名運動にも匹敵する一大キャンペーンであった。私は、その二つの署名運動に二つとも取り組んだ経験を持っている。最初の「ストックホルム・アピール」については、「5　一九五〇年代、憲法と安保の間で」で述べた。

さて、今回の「アピール署名」は、一九八五年二月五日から九日にかけて、世界五大陸十二カ国の反核平和運動の代表が日本に集まって「核兵器全面禁止・廃絶国際署名提唱と推進のための協議会」を開催し、全世界諸国民に呼びかけた署名運動である。

署名の趣旨は、「第二のヒロシマを、第二のナガサキを、地球上のいずれの地にも出現させてはなりません」という基本的な願いにもとづき、「いまこそ、私たちは核兵器全面禁止・廃絶を求めます。すなわち、核兵器の使用、実験、研究、開発、生産、配備、貯蔵のいっさいの禁止をすみやかに実現させせましょう」と呼びかけるものであった。

深刻な戦争体験者として、恒久平和主義と平和的生存権を明記する日本国憲法にとりつかれ、「憲法人生」を生きる私がこの呼びかけに即刻・無条件に敏感な反応を示したのはいうまでもない。とりわけ、東京原水協に属していた私には、このうえもなく重大な使命感を持って受けとらざるをえない「アピール」だったのである。

そもそも、この国際的なアピールが発せられたのは、一九八五年という第二次世界大戦終結四十周年という歴史的節目の年であることを、あらためて想起しておきたい。

私は、人並みはずれて節目論に多大の関心やこだわりをいだく人間なのである。いつも講演などでも述べていることだが、歴史上の有名な演説や名言などはすべて歴史的な節目の時におこなわれているものなのである。

この「アピール署名」の発表と同じく一九八五年という節目の年におこなわれたのが、かの有名なドイツのヴァイツゼッカー大統領（当時）の、「過去に目を閉ざす者は現在にも盲目になる」という名演説である。

「私には夢がある」という、マーティン・ルーサー・キング牧師の名演説も、「奴隷解放宣言」百周年という節目の年にワシントンにおける二十五万人の黒人たちの大行進の前でおこなわれたものであった。日本共産党の「自由と民主主義の宣言」もまた、「アメリカ独立宣言」二百周年という節目の年にあたる一九七六年に発表されたのであった。その意味からも、私にとって「戦後四十年」という節目の年に発表されたこの「アピール」は、特別の重みのあるものとして受けとらざるをえなかったのである。

たしかにこの署名には、大げさに言えば「人生のすべてをかける」と言っても過言ではないくらいに、とにかく自分の持てる力と知恵のすべてを発揮しつくすぐらいに頑張りぬいた。

「ヒロシマ・ナガサキからのアピール」墨田区民過半数突破を達成（95年７月）

この署名運動に取り組んだ期間――それは思えば長い年月であった。その運動期間中、絶えず東京原水協の代表理事としての責任感が根底にあったことは言うまでもない。

一九九七年七月三十日午後六時〇分――これぞ首都東京で「アピール署名」都民過半数という目標達成の歴史的瞬間であった。そしてこの日、この時間、この時分は、私の長い人生のなかでも忘れることのできない日時のなかの一つとなった。

東京都民の過半数と言えば、都心の繁華街を手をつないで歩いているアベックの若者たちにしろ、デパートでのショッピングに向かおうとしていた主婦たちにしろ、それらすべての二人に一人の割合で、核兵器廃絶の署名をしてもらうという運動の目標を達成したことを意味する。

目標達成の瞬間の感動は、いまもって忘れることができないし、その年（一九九七年）の八月の原水禁世界大会（於広島）の全体会場の壇上に東京代表団が登壇し、全国の、いや、外国の仲間たちをふくむ全参加者から心のこもった祝福を受けた時の感動・感激も、またわが人生のなかで忘れることのできないものの一つとなったのであった。

この署名の目標達成までには、私をふくめて、個人的にもまた東京原水協や署名推進連絡会に結集した各団体としてもいくつかのドラマがあった。

「小金井方式」といって、ビニール袋に①アピール署名用紙 ②折り鶴用の千代紙五枚 ③署名と折り鶴の協力のお願いと署名の回収日を明記した訴え ④受取人扱いの返信用封筒を入れた四点セットを、署名に入る地域に予め全戸配布をしておいて、当日ハンドマイクや宣伝カーで宣伝し、訪問するのである。留守宅には、訪問したことを伝えるビラで、返信用封筒での投函をお願いするというキメ細かな方法を実践した。

三鷹市では、ピースチャレンジャーを募集し、多くの署名集めを果たした者のなかから、「ミスターアピール署名」や「ミスアピール署名」も数多く生まれた。

私は、人に訴えたり、要請したりする以上は、自分がちゃんと実行しておかなければならないと思い、乏しい知恵と力のすべてを出し惜しみすることなく、とにかく自分にできることはすべてやりつくした。何千名という住所録にある知人、友人、教え子たちへの要請の手紙はもちろんのこと、小学校時代、中学校時代、高等学校の友人に――ほとんどが戦死・戦病死をとげていて数少なくなっていた――返信用封筒に署名用紙を入れて送るなど、とにかくありとあらゆる手をつくして署名を集めた。野球好きの私は、球場のスタンドで、周りの観客に要請して署名をしてもらったことも一度や二度ではなかった。

そういう全力投入の努力の結果、私一人で約三万筆の署名を集めることができた。この数というのは、当時住んでいた東京・大田区内では第一位であったが、全国でも第三位にランキングされたのであった。

何ごとにおいても、あきらめることなく、ねばりづよく続けることの大切さなど、人生の貴重な教訓をえたのもこの「アピール署名」運動から学びとったと言えよう。

■日本平和委員会と全国革新懇で

「東京が変われば日本が変わる」というのは、いつしか私自身のなかでの合言葉として定着していたが、必然的な流れとして、私の社会的な活動舞台は、東京から全国へと発展的に移行してゆく。

私が日本平和委員会の代表理事に就任したのは一九九三年のことであった。平和委員会は、私が名古屋在住時代に愛知平和委員会の結成に参加したという経緯もあり、戦後間もないころから縁のあった組織である。また、私がこれもその結成に参画した「日本国際政治学会」の機関誌の創刊号に、「戦後世界平和運動の発展」という論稿を執筆した経験もあって、世界および日本の平和運動には深い関心と愛着を持っていた。

日本平和委員会は、戦後いち早く組織された日本で最も古い歴史を持つ平和の組織である。大山郁夫、柳田謙十郎、平野義太郎氏らの諸先輩がその創設時には力を注いでいた。私が戦後初めて外国訪問の経験を持った、一九六二年の全面軍縮と平和のための世界大会（於モスクワ）のことはすでに本書のなかでもふれたが、その時の大規模な日本代表団を組織する仕事をになってくれたのも、日本平和委員会であった。

私が日本平和委員会の代表理事に就任するのと同時に、佐藤光雄さんも新しく就任した。日本の平和運動には、労働組合の幹部や活動家の参加が乏しいという弱点があったので、労働組合運動のすぐれた幹部の一人である佐藤光雄さんの代表理事就任は、内心私として非常にうれしくかつ心強く思ったものであった。また、私が日本平和委員会の代表理事になったころには、福山秀夫さんという、私と同年輩であると同時にわだつみ世代の生き残りの一人でもある友人が代表理事として活躍していたが、間もなく病気のため他界した。その時に私が受けたショックもまた非常に大きかった。

二〇一六年六月の日本平和委員会の定期全国大会において、私は年齢と健康上の理由から代表理事を勇退して顧問に就任することになった。したがって現在の日本平和委員会は、代表理事が内藤功、佐藤光雄、住吉陽子、岸松江、有馬理恵の五人で、事務局長千坂純という構成になっている。

女性団体を除き、いわゆる日本の民主団体のなかで、このように男性よりも女性の方が多い役員（幹部）構成の全国組織は他にはないのではなかろうか。戦争と平和の問題に対しては、男性とくらべて女性の方がはるかに敏感に反応を示すことは、たとえば日本母親大会はあっても日本父親大会はないし、最近の安倍政権の改憲策動に対しても、ママの会の活動がとても活発なことにも裏付けられている。その存在理由や目的に照らしても当然のこととはいえ、日本平和委員会が民主的な役員構成をもっていることについては、私としてひそかに誇りに思っているところである。

東京革新懇での実績をみとめられたのか、私が全国革新懇の代表世話人に選出されたのは一九九六年のことであった。

全国革新懇は、一九八〇年一月のいわゆる「社公合意」によって日本社会党が右転落した後、平和、民主主義、国民のくらしの擁護という三つの基本目標で一致できる団体と個人によって組織されている団体である。当然のこととして政党にも広く門戸が開かれているのだが、残念ながら、結成当初以来今日まで政党として加盟しているのは日本共産党のみである。代表世話人会は、政党をふくむ各団体の委員長や会長および各専門分野からの個人によって構成されている。

私が個人の資格として選出されたのは、それまでやはり代表世話人をつとめていた憲法学者の長谷川正安さん（故人）と入れ替わりのような形でもあった。そのころ一橋大学の名誉教授の浜林正夫さんも代表世話人として名を連ねていたが、間もなく、私とほぼ入れ替わるような形で代表世話人を辞し、顧問となった。

私の場合、日本平和委員会と全国革新懇という二つの組織に同時に役員としてかかわっていたが、両組織とも平和問題には深い関係があったために、国際政治の研究者の一人として、発言を通じ、いささかなりとも貢献ができたのではないかと思っている。

全国革新懇は、いわゆる統一戦線の組織であるが、私の最大の想い出は、やはり九条の会が生まれたころに同組織が果たした先駆的な役割のことである。日本の九人の知性人たちが「九条の会」の「アピール」を発したのは忘れもしない二〇〇四年六月十日のことであった。このアピールは、「日本国憲法は、いま、大きな試練にさらされています」から始まっている。ちょうどそのころ、自民党が、二〇〇七年の七月に衆参同時選挙を実施して、その時に改憲の賛否を問う国民投票を行うというシミュレーションが存在するということがもっぱら伝えられていた。このような情勢を前にして、全国革新懇は、「九条の会」のアピールに先立つ一年前の二〇〇三年の秋に、憲法の危機を警告しつつ、全国の活動家を東京に集め、署名運動をふくむ緊急の行動提起をおこなったのである。この運動の系譜として現在も全国各地で活動しているのが改憲反対のいわゆる「連絡センター」である。

二〇〇七年五月の総会から、経済同友会終身幹事の品川正治《まさじ》さん（故人）も代表世話人の一人として参加するようになり、全国革新懇は、日本の各分野を代表する人びとの積極的な意見や提言を反映させせつつ、一貫して統一戦線組織としての役割を果たしてきた。

私自身は、先年代表世話人を辞して顧問としてもらったが、戦前回帰をめざす安倍独裁政権のもと、民主、共産、維新、社民、生活の五野党（その後、民主と維新が合併して民進党と改称し、四野党）の共闘が実りはじめつつある今日、わが国で唯一の統一戦線組織である全国革新懇の果たすべき役割は日一日と重大になりつつあるといえよう。私自身は、この組織に加わりつつ、ささやかなりとも貢献できたことを、わが「憲法人生」における誇りであることを胸に余生を送りたいと思っている。

12　七十年の憲法人生を顧みて

言うまでもなく、私の人生はこれで終わるわけではなく、今後も健康維持に十分留意をしながら、たとえ一分でも一秒でも元気でより長く生きて、平和と民主主義と社会進歩に貢献したいと期しているところである。

■自分の思想に忠実に生きぬいて

戦後の七十年、私は自ら顧みて、自己の思想に忠実に生きぬいてくることができたと胸を張って言えると思っている。このこと自体、ほんとうに幸せな人生であったと考えている。それを可能にしたものは何であったのかを、ここで総括的にまとめておこうと思う。

第一には、何といっても私がたえずよりどころにしてきた日本国憲法のおかげである。私は、小さな「憲法手帖」を一年三百六十五日、一日二十四時間、たえず身近に保持したり置いたりしつつ、「迷った時には憲法に問え」と自分に言いきかせながら、憲法を、生きてゆくうえでのよりどころとしてきた。

憲法手帖そのものの重量は極めて軽いものであるが、私にとって憲法というものは、極めて重いものなのである。それというのは、私自身の青年・学生時代の戦争体験と、若くして無念にも戦死・戦病死した「わだつみ」の学友たちはもちろんのこと、三百十万人の日本国民、二千万人超のアジア諸国人民の生命などがすべて内包されているからなのである。

二十一世紀の初頭のころ、ちょうど亡妻への介護生活を送っていた時であった。介護の合間の時間をやりくりしながら、『輝いて生きる―夫婦愛・介護・憲法をつむいで』（みずほ出版）という小冊子を刊行したことがあった。この冊子の表紙にも、「読憲」「学憲」「語憲」「愛憲」「活憲」「護憲」「書憲」と記しているし、小泉内閣のあと安倍第一次政権が登場した時にも、『書憲のすすめ』という冊子を「平和憲法・畑田ゼミ」（略称ハタゼミ）から刊行したものであった。このように、憲法は、たえず私自身にとっても、また私がふれあいを持つ多くの労働者・国民にとっても、自己の思想点検の基準であり、生きてゆくうえでの指針としての役割を果たしてきたのであった。

第二には、わが家、わが書斎の片隅に置かれてきた河上肇の「古机」である。河上肇とは、戦前のマルクス主義経済学者であるが、私と亡妻みちるの二人がこぞって、学者としても、人間としてももっとも尊敬し、親しみを覚えてきた先生である。河上先生は、『資本論』の翻訳をはじめ『経済学大綱』や『貧乏物語』など膨大な量のすべての著作の原稿をこの「古机」の上で執筆されたのであった。
私は先生の学問的な業績の質と量のすばらしさはもとより、先生の思想形成過程や人間的な生き方にいたるまでつぶさに知っているだけに、先生の生きざまは私にとっての模範であると信じてきた。したがって、怠け心がおきた時とか、思想的に迷いかけた時には、必ずこの「古机」の前に正座して瞑想しつつ、襟を正し姿勢を正したものであった。ちなみにこの「古机」は、私が鎌倉を去るにさいして、河上先生の生家のある山口県岩国市在住の河上荘吾氏（河上先生の甥）に寄贈した。

第三には、七十年のうちの後半期ではあったが、私の生き方をがっちりと支えてくれたのは、政治家としてもっとも尊敬する沖縄の瀬長亀次郎さんの「不屈」という色紙である。この色紙は、原則としてわが家の玄関を入ったところの目立つところか、わが書斎の入口のところに掲げることにより、外から帰ってきて自宅へ入る時や書斎へ入る時には必ず自分の目にふれる場所に掲げられてきた。二十一世紀に入ってから、那覇市内の一角に「不屈館」という瀬長さんの記念館が開設されているが、「カメさん」の愛称で民衆から敬愛された瀬長さんを偲ぶ時、今日現在、自ら県民のたたかいの先頭に立って不屈にたたかい続ける翁長雄志《おながたけし》知事を連想するのは、ひとり私だけではないと思う。

第四には、これこそが私の生き方のすべてを支え、励まし続けてくれた最大のものと言ってもよいと思うのだが、平和と民主主義やくらしを守るためにともに学び、ともにたたかってきた全国の労働者・国民の私に対するあたたかい思いやりや心づかいをはじめ、物心両面にわたる援助・協力・激励がそれである。

私は高級官僚や大学教授への道をあえて敬遠して、労働者・国民とともに学び、ともにたたかう道を選択したために、定収のない生活を送らざるをえなかった。戦後間もないころからマスメディアの世界から排除されてきたために、世間的な知名度が全然なかったので、講義料や講演料、原稿料などにしても法外の安さであった。しかし、心ある労働者・国民が、研究費カンパと称してお金を集めてくれて、私の書籍代、新聞・雑誌の購読料などの大部分をまかなってくれたことも一度や二度ではなかった。このような、労働者・国民の存在自体が、私の思想生活をふくむ戦後生活のすべてをがっちりと支えてくれたのであった。

自分の言いたいこと、書きたいことを自由に言える、自由に書けるということは、これ以上はない幸せなことだと思うのだが、それを可能にしてくれたのが、ほかならぬ無数の勤労人民であることを今一度あらためて確認しておきたいものである。

ただ一つだけだが、私にとっても反省点がある。それは、経済生活のうえでも、他人に負うことなく、一〇〇パーセント自分自身の力でまかなうことができればいっそうよかったのだが、ということである。生活設計上、やや甘いところがあったと認めざるをえない。研究生活、日常生活のすべてを誰にも経済的負担や心配をかけることなく送りつつ、自分の力で一生涯を貫き通すことができれば、心底から「わが生涯に悔いなし」と言えたのだろうが、残念ながらその点においてのみ若干の不満と反省が残っている。

今日、全国ないし地域組織としての「平和憲法・畑田ゼミ」とか、東京・大田区を拠点とする「畑田重夫国際政治研究会」といった組織が存在するが、それらも実態は私の研究生活を支える組織と言っても過言ではない。長らく居住していた東京の大田区や品川区の労働者の仲間の皆さんが、いわゆる「お宝物」などの頒布会まで開催して、私の研究費や生活費の捻出のために工夫をこらしてくれたその厚情も生涯忘れることができないことである。

■人こそが何よりの財産

七十年のわが人生を顧みる時、人の情というもののありがたさをしみじみと感じることができたし、自分が大の人間好きの人間になったということにふれないわけにはいかない。

さきにちょっとふれた『書憲のすすめ』のなかには、いくつかの「畑田重夫の人生訓」が収められている。そのなかにも、「人」とか「友人」とかに関するものとして、「人は人と会って人となる」「よい友人をみつけたら地球の果てまでついてゆけ」「金を残す人生は下、仕事を残す人生は中、人を残す人生こそ上」といった言葉がそれである。

私自身、河上肇先生や政治学界の大先輩であり恩師でもある戸澤鐵彦先生のような人によって、人間らしい人間に導いてもらったという思いがある。

十三年間の名大での教職や、その後の全国各地の労働学校、中央労働学院、勤労者通信大学での講義を通じて、また、全国各地での平和や民主主義、あるいは内外情勢などに関する講演を行うなかで、無数の人と出会うことができた。そういうなかで、私は「カネ」（財産）や「仕事」（研究上の業績）よりも、「人」を残すことのなかに重要な意義を見出すことができるようになった。

そのために、私は一つの講義・講演にも、その前日までに十分に準備をして、その一回にすべてをかけるつもりで臨んだ。それには次のようなわけがあったのである。

「しゃべる者は水に流し、聴く者は石に刻む」という言葉がある。数多くあちこちで講義や講演をしていると、どこで、いつ何をしゃべったかを忘れがちになるものである。つまり、水に流してしまいがちなのである。しかし、聴く方にしてみれば、感銘したことをまさに「石に刻んで」でも記憶にとどめておきたいと思うにちがいないのである。とくに、生まれて初めてそのような講演会に参加したというような人にとっては、一生涯忘れがたいこととなるのである。したがって、しゃべる者が、もし事実に反することや、正しい理論に反することをしゃべったならば、相手にとっては、その人のその後の人生の方向を左右することにもなりかねないわけである。

おかげで私は長い講師活動のなかで、まさに「講師冥利に尽きる」というありがたい経験やよろこびを、何度も味わう幸せにめぐまれてきた。今でも毎日のように全国各地から送られてくるハガキや手紙、講演会の直後に主催団体から送付される参加者の感想文は、私にとって何よりのなぐさめと励ましとなっている。

ある時、あるところで私の講義を聴いてくれたという人が、講義を聴きながら作ったという次のような詩を送ってくれたことがあった。深い感動を覚えた詩だったので、少し長いけれども次に紹介しておこう。

畑田先生の講義を聴いて

全力で生きている
もてるものを全て出しきって
後につづく者たちに
最高のものを与えるかのように

自らの天命をさとり
最後の瞬間まで
平和と国民のために、たたかい、愛し
尽くしとおす覚悟はできていると

誰になんと言われようと、どんなほめ言葉をもらおうと
自らの中の鏡が澄みわたっているか否かを
自らの心に問いかけ確かめずにはいられない
一点の曇りも許すことができず
徹底して磨きぬく

先生は高級官僚や大学教授への道を捨てて
定収がないのに、信念をまげず
完璧をめざして、あくことを知らず、自分を追いつめる
今までの知的財産は充分にあるのに
さらにそれに積み重ねて

より良きものに、今風に、誰もの共感を得るために
自分の身をきり、骨をも砕き、情報を集め
出し惜しみせずに与えつくす
そんな訴えだから
その時、その時が真剣勝負
だから聴く人の心の奥に、体の中に
ズッシリと響くのだろう

■憲法が縁で「終の住処」を静岡に

妻に先立たれた後は、いわゆる「独居老人の自炊生活」を送らざるをえなかった。時に八十三歳であった。鎌倉でのマンション生活である。人びとは、私が一人で買いもの、炊事、洗濯、掃除をやったうえで、各種団体の会議への出席、自分の専門の研究とそのうえでの執筆や講義・講演を続けるのは大変だろうから、せめて食事だけでもやってもらえるような施設へ入ればいいんじゃないかと、私の身の上を心配してくれて、高齢者施設への入居をすすめてくれた。そういうこともあって、二〇一二年六月一日付をもって、今の静岡市清水区山原のケアハウスに入居することになったのである。

寝たきりではなくて、元気で長寿を保つということはあたかも芸術作品を仕上げるようなもので、食べものや適度の運動などの細かい心づかいや、規則正しい生活リズムの維持など、日常的な不断の努力を要するものである。九十三歳になる今日、「長寿は芸術である」という言葉を色紙に書き記して贈ることが多くなった昨今の私である。まさに「健康と生命に勝る大義なし」であり、沖縄の言葉を借りるならば「ヌチドゥタカラ」である。幸いにも「終《つい》の住処《すみか》」と定めたケアハウスの所在地静岡県は、気候が温暖で、お茶どころとしても有名であり、みかん、苺《いちご》などの果物も豊富で、「健康寿命」では山梨県と日本一を争っているという、元気で長生きするにはもっともめぐまれた土地である。

東京に約五十年、鎌倉に約二十年居住していたわけだから、今でも、全国各地へ出かけると、人びとから「東京でもなく、鎌倉でもなく、なぜ静岡の施設なのですか?」とたえず聞かれる。実は私と清水のケアハウスとを結びつける媒体となったのはある小冊子なのである。

その冊子の著者である小林朱実《すみ》さんは二十八歳の若さで亡くなったのだが、中学一年の夏休みの自主研究として憲法第九条と自衛隊との関係について極めて綿密な考察をし、それを朱実さんの母親が冊子『13才　私が見たもの——中1自主研究「自衛隊はあって良いのだろうか?」』(初版二〇〇七年、編集＝小林豊子)として出版し、今の世に問いかけているわけである。

私は朱実さんとは全く面識がないのだが、初めてこの冊子を読んだ時の感動は、いまだに脳裏

小林朱実さんの冊子

にはっきりと焼き付いている。「よくもまあ、中学生が憲法や自衛隊についてこんなに詳しく調査・研究をし、論理立ててまとめあげたものだなあ」と、感心することしきりであった。ついでにこの冊子が私の目に入るまでの経過を説明しておこう。

この冊子は二〇〇七年五月、静岡市に国民平和大行進がやってくる前日に完成したそうであった。そこで朱実さんの母親である小林豊子さんが、この冊子を行進中の皆さんに贈呈することによって、参加者を励まそうと考えて関係者に配布。ところが生憎その日は雨模様で、参加者が予定より少なくて冊子が余ったそうである。それを、行進に参加していた静岡県平和委員会の渡辺事務局長が持ち帰り、ある日の日本平和委員会の定例常任理事会の席上で全員に配布した。その会議に出席していた私の手にもこの冊子が渡ったというのが真相である。

当時私は鎌倉に住んでいたのだが、帰途、ＪＲ東海道線の品川～大船の車中でその冊子を読みふけった。

朱実さんは、渡辺治氏をはじめ何人かの学者・研究者の著書にも目を通しているし、静岡県内の自衛隊の実態を足で歩いて調べてもいる。自民党から共産党まで各政党の県本部（県委員会）にも往復はがきによって憲法九条と自衛隊との関係についての見解を問い合わせているなど、調査・研究の方法においても学者顔負けの研究である。

自衛隊は違憲であるという自分なりの結論を導き出している点でも見事なものである。感心した私は、今は亡き親友の憲法学者長谷川正安さんや何人かの憲法の専門家にこの冊子を贈って感想を求めたが、みんなこぞって高い評価を惜しまなかったものである。私は、編集者である母親の小林豊子さんに、敬意と感謝の気持ちをこめて冊子の読後感を書いて手紙を出したのだが、それがその後、今日にいたるまでの朱実さんの両親とのお付き合いのきっかけになったのである。

発行人としてのあとがきで、母親は「彼女の生き様の一つの証拠として、さらに、今、生きている人達へのメッセージとして、この研究文を世に出してやりたいと考え、このたび発行いたした次第です」と書いている。この母親が、今私が入居しているケアハウスや特養などをふくむ「あすなろ」という福祉施設の施設長をしていたことがあるということをのべただけで、私が「なぜ清水なのか」という疑問は解けるだろうと思う。

このケアハウスは、評判もよくて、待機者が非常に多いのだが、私は決してコネではなく、待機者の一人として二〜三年待ったのちに順番がきたので入所したわけである。この「十三歳の少女」のほかならぬ憲法についての研究文が取り持つ縁で、このケアハウスへの入所ということを考えるにつけても、「憲法人生」を歩み続けてきた私にふさわしい話だと思っていただけるであろう。

■明文改憲は絶対に許さない

私は「わだつみ世代」の数少ない生き残りの一人である。東部第六十三部隊に入隊した二千人中、生き残ったのは私一人だけ（陸軍病院で入院手術のため）。あとの一千九百九十九人はすでにこの世にいない。その亡き学友の面影をひとときも忘れることはなかった。

戦後、日本国憲法体制下で、ともに学び、ともにたたかってきた仲間たちに励まされ、助けられながら生きてきた。この「体制」は、中曽根元首相には「戦後政治の総決算」、安倍現首相によっては「戦後レジームからの脱却」という言い方でずっと敵視され、「否定」と「克服」の対象とされてきた体制である。

わが「憲法人生」を回顧しながら、連載原稿の筆を執っている間に日本の情勢は大きく激変した。わが国では圧倒的多数の憲法学者はもとより、自然科学者をもふくむ数千人の学者・研究者も、元内閣法制局長官らも、全国の五十を超えた弁護士会や日弁連の理事会も、さらには少なからぬ自民党の大物ＯＢたちも、安倍政権が国会にかけている一連の「安全保障」関連の法案を違

筆者も参加した「国会10万人・全国100万人大行動」＝2015年８月30日、国会正門前（写真＝しんぶん赤旗提供）

憲であるという見解を表明しており、国民世論と運動も連日のように国会の包囲行動をはじめ安倍政権を包囲した。

居ても立ってもいられなくなった私も、二〇一五年八月三十日の十二万人による総がかり国会包囲行動に参加。九十二歳という年齢のことも忘れ、全国から結集した人波のなかの一人として、怒りと抗議の気持ちをこめて声を限りにシュプレヒコールをした。これについては、その後、治安維持法犠牲者国家賠償要求同盟の機関紙『不屈』に、「十重二十重渦巻く人の波の中すっくと立ちし畑田さん九十二歳」と、杵渕智子さんの短歌が掲載されて注目されたのであった。

戦争体験をもつ私として特にうれしくかつ心強く思ったのは、今回のたたかいの輪の中に、高校生・大学生（SEALDs）、ママ・パパの会など、世代を超えて戦争法廃案、立憲主義の回復、民主主義、個人の尊厳を守れの声が広がったことであり、それが政党を動かし、野党共闘を導く原動力となったことである。野党共闘は、いわゆる統一戦線の萌芽と言ってもよく、戦前・戦中の体験をもつ私たちの世代の者にとっては、生きている間に、たとえ萌芽といえどもそれを見ることができたということは、まさに夢の一端が叶えられたにも等しい感がある。

大多数の国民や憲法学者、裁判官経験者、内閣法制局長官経験者、圧倒的多数の弁護士らが違憲と断じた「安保関連法案」(戦争法案)を、安倍政権は議会の多数を頼りに二〇一五年九月十九日、審議不十分のまま強行「成立」させたのである。

この違憲の悪法は、「憲法を守れ!」「九条を守れ!」という立憲国家としてごく当たり前の良識をもつ多数の国民によって、必ずきびしい批判と非難・抵抗を招き続けるにちがいない。

とりわけ、二〇一五年七月二十三日付の朝日新聞(東京本社版)の「声」欄に掲載された、特攻隊員を目指す予科練生であった加藤敦美さん(八十六歳・京都府在住)の次の投稿は、私自身の言いたいことを代弁してくれたように思えた。

「安全保障関連法案が衆院を通過し、耐えられない思いでいる。だが、学生さんたちが反対のデモを始めたと知った時、特攻隊を目指す元予科練(海軍飛行予科練習生)だった私は、うれしくて涙を流した。体の芯から燃える熱で、涙が湯になるようだった。/オーイ、特攻で死んでいった先輩、同輩たち。『今こそ俺たちは生き返ったぞ』とむせび泣きしながら叫んだ。(中略)死ねと命じられて爆弾もろとも敵艦に突っ込んでいった特攻隊員たち。人生には心からの笑いがあり、友情と恋があふれ咲いていることすら知らず、五体爆裂し肉片となって恨み死にした。16歳、18歳、20歳……。

若かった我々が、生まれ変わってデモ隊となって立ち並んでいるように感じた。学生さんたちに心から感謝する。今のあなた方のようにこそ、我々は生きていたかったのだ」

この加藤さんの思いは、学生たちの心に真っ直ぐに届いた。「朝からボロ泣きした。これほどSEALDsやってよかったと思うことはない」と一人の若者がツイッターでつぶやくと、リツイートは八千以上に及んだという。それは各地の集会でも朗読された。安倍政権による「戦争する国づくり」への暴走は、このように戦争体験者と戦後生まれの世代間の感動的な交流を生み出したのであった。

時あたかも憲法の明文改定を宿願としている安倍独裁政権の相次ぐ暴走のもと、日本の立憲主義と民主主義が危機に瀕している今日、これからも晩節を汚すことなく、愚直に「憲法人生」一筋に生き続けることをお約束して筆をおきたいと思う。

畑田重夫（はただ　しげお）
1923年9月5日京都府生まれ。国際政治学者、平和運動家。45年9月に東京大学法学部に復学、旧内務省を経て、1962年まで名古屋大学助教授を務める。以後は労働者教育協会会長や勤労者通信大学学長、東京都知事候補者、平和・民主・革新の日本をめざす全国の会代表世話人、日本平和委員会代表理事などを歴任。現在も平和及び労働運動に関する講演を全国各地でおこなっている。
著書に『新安保体制論』（1966年、青木書店）、『朝鮮問題と日本』（共著、1968年、新日本出版社）、『70年闘争とアジアの未来』（共著、1969年、新日本出版社）、『安保問題のすべて——安保大改悪と日米共同宣言』（1996年、学習の友社）、『自動参戦・列島総動員の新「ガイドライン」——安保・有事立法・改憲策動』（1997年、学習の友社）、『どうみる新しい内外情勢—— 畑田重夫大いに語る』（2010年、学習の友社）、『畑田重夫の卒寿の健康力！』（2013年、本の泉社）など多数。

わが憲法人生《けんぽうじんせい》 七十年《ななじゅうねん》

2016年11月3日　初　版

著　者　畑　田　重　夫
発行者　田　所　　稔

郵便番号　151-0051　東京都渋谷区千駄ヶ谷4-25-6
発行所　株式会社　新日本出版社
電話　03（3423）8402（営業）
03（3423）9323（編集）
info@shinnihon-net.co.jp
www.shinnihon-net.co.jp
振替番号　00130-0-13681
印刷・製本　光陽メディア

落丁・乱丁がありましたらおとりかえいたします。

ISBN978-4-406-06068-4 C0095　Printed in Japan